Amy Hempel
Sing

Amy Hempel

Sing

Neue Stories

Aus dem Amerikanischen von
Annette Kühn und Christian Lux

marix verlag

Originaltitel: Amy Hempel, Sing to it
First published by Scribner, NY, 2019
© 2019 by Amy Hempel

Für Gloria Vanderbilt Cooper

Sing

Am Ende sagte er, Keine Metaphern! Nichts ist wie irgendetwas Anderes. Außer, dass er bevor er dies sagte, gesagt hatte, Mach' eine Hängematte aus deinen Händen für mich. Da war also schon eine.

Er sagte, Nicht einmal der Regen – und er zitierte den Dichter – nicht einmal der Regen hat solch schmale Hände. Da war also noch eine.

Am Ende wollte ich ihn trösten. Doch was ich sagte, war, Sing für sie. Das arabische Sprichwort: Wenn die Gefahr sich nähert, sing für sie.

Außer, dass ich zuvor zu ihm gesagt hatte, Keine Metaphern! Niemand ist wie jemand anderes. Und er sagte, Bitte.

Also, am Ende, machte ich eine Hängematte aus meinen Händen für ihn.

Meine Arme waren die Bäume.

Das verwaiste Lamm

*E*r schnitt das Fell von dem toten Winterlamm, wischte das Blut an seiner Hose ab, um einen festen Griff zu behalten, fuhr zunächst um die Hufe und schnitt jedes Bein gerade nach oben, dann schlug er die Haut von Muskel und Knochen. Er band die Haut mit Garn auf den Leib des verwaisten Lamms, damit das trauernde Mutterschaf den Geruch erkannte und das verwaiste Lamm stillte.

Zumindest sagte er das.

Es war Verführung. Es war dies die Geschichte, die er erzählte, von all den Geschichten über Bauernjungen, die er hätte erzählen können. Er wählte die eine, in der Brutalität ein Leben rettet. Er wollte, dass ich spüre, während er seinen Körper über meinen fügte, dass ich so weiterleben würde, so würde man mich kennen.

Full-Service Tierheim

*S*ie kannten mich als jemanden, der mit einem Schlauch stinkenden Kot aus Käfigen spritzte – und dem das gefiel. Und als jemanden, der lieber das tat, als ins Kino zu gehen oder zu einem Abendessen mit einem Freund. Sie kannten mich als jemanden, der zwei Abende die Woche kam, der um vier kam und bis nach zehn blieb, und der wusste, dass das nicht genug war, denn »genug« gab es im Tierheim von Spanish Harlem nicht, das von der Stadt betrieben wurde, die die Mittel kürzte.

Sie kannten uns als diejenigen, die die Euthanasie-Liste nach den Hunden absuchten, die am nächsten Morgen getötet werden sollten, die die Todeszellen-Hunde mitnahmen, meistens waren es Pitbulls, die sie mitnahmen auf einen letzten Spaziergang, die ihnen gutes Futter brachten, ihre Zwinger säuberten und ihre Betten machten, mit Strandhandtüchern, Badematten und Scooby-Doo-Fleecedecken, die noch warm vom Trockner waren. Sie kannten mich als jemanden, der ihre Betten nach einem anstrengenden Abend nicht mehr so ordentlich machte, der an den Künstler dachte, den seine Tochter in seinem Atelier besuchte, auf ein Bild zeigte, das sie mochte und dann fragte, »Warum hast Du sie nicht *alle* so gut gemacht?«

Sie kannten uns als diejenigen, die Schweineohren auf ihre Kopfkissen legten, wie Schokolade in einem guten Hotel. Sie kannten uns als entschiedene Vegetarier, die ihnen gekochtes Fleisch mitbrachten – gegrillte Pute, rohes Roast Beef, Schinken in Honig mariniert –, um das Dosenfutter abzurunden, das wir ihnen auch brachten und das immer noch besser war als das, was sie dort bekamen. Sie kannten uns als diejenigen, die sie fütterten, wenn sie wach waren, anstatt sie nachts um 2:00 Uhr für die Fütterung zu wecken, wie ein Direktor das Nachtpersonal angewiesen hatte, das er für unterbeschäftigt hielt.

Sie kannten mich als jemanden, der kein Spanisch sprach, der nur »Sí, sí« sagen konnte, wenn jemand über einen Hund beim Spazierengehen »Que lindo!« sagte. Und die, wenn sich ein Schlägertyp zu schnell näherte, sagte »Das ist ein süßes Kerlchen«, schau, wie wir ein weiteres Stereotyp explodieren ließen, in einem Viertel, das sich von sich selbst erholt.

Sie kannten uns als diejenigen, die keine Zeit für eine Diskussion darüber hatten, ob die Liebe zu Tieren auch bedeutet, dass man sich nicht um Menschen schert: Eine von uns tat es! Evelyne, eine Kinderärztin, die missbrauchte Kinder behandelte.

Sie kannten uns als diejenigen, die Tetanus- und Tollwutimpfungen bekamen – letztere immer noch in Serie, aber nicht mehr in den Bauch –, und die ihre Kratz- und Bisswunden mit Krazy-Kleber verschlossen – nicht die medizinische

Variante, sondern die, die man im Baumarkt findet, anstatt sich in der Notaufnahme nähen zu lassen, wo wir die Hunde hätten melden müssen, die dann eingeschläfert werden würden.

Sie kannten uns als diejenigen, die ihre zugewiesenen Namen diskutieren wollten, wenn sie aufgenommen wurden, die sagten, »Wer wird denn einen Hund namens Nixon adoptieren?« Und als Nixons Name geändert wurde – zu Dahmer – wurden wir wieder wütend, bis wir es gut sein ließen, als er am Ende O.G., Original Gangster, genannt wurde. Es gab in einem der Trakte immer ein »Baby«, sodass die Angestellten auf die Karte am Zwinger schreiben konnten: »Mein Baby gehört zu mir, ist das klar!« und sie hörten endlich damit auf, den Namen »Precious« zu vergeben, nachdem ein älterer Mitarbeiter über einen alten, stattlichen Rottweiler sagte, »Ich hasse diesen verdammten Namen, aber er ist ein guter Hund.« (Oft hatten sie aber auch ein gutes Händchen; sie nannten einen kleinen braun-weiß-cowboy-farbenen Pit, der sich für einen von den großen Hunden hielt, Man Man.)

Sie kannten mich als jemanden, der keine Latexhandschuhe und foliendünne Kittel trug, wenn er die Hunde in der Krankenstation versorgte, als jemanden, der nur Handschuhe trug, wenn ein Hund seine Tollwutmarke verschluckt hatte und ich in seinem Kot danach suchen musste. Sie kannten mich als jemanden, der einem Pitbull einen Kauknochen bestrichen mit Erdnussbutter gab und ihn, nachdem der Hund ihn ausgespuckt hatte und wiederhaben wollte, abwusch und dem Hund wiedergab, damit er … den Vorgang innerlich abschließen konnte.

Sie kannten uns als diejenigen, die ihre Finger in die Mäuler steckten, um eine Uhr, ein Telefon, einen roten Fahrradreflektor herauszuholen, an dem der Hund lutschte wie an einem Hustenbonbon. Sie kannten mich als jemanden, der mit einem Schlauch stinkenden Kot aus Käfigen spritzte, der die metallenen Wände mit Scheuermittel reinigte und die Metallböden mit Trifectant perforierte, jener sirupartigen, gelben chemischen Lösung, die mit dem Dreck zusammen schäumte, und der dann den Zwinger trocken rieb, und die spürbare Verbesserung mochte – wie, wenn man einen Vorgarten mäht oder ein T-Shirt bügelt – und damit seine Unruhe in den Griff bekam.

Sie kannten mich als jemanden, der anfangs noch einem Tiermedizin-Techniker von der guten Nachricht erzählte, dass drei Hunde aus der morgendlichen Liste von zwölfen gerettet worden waren, worauf der Techniker erwiderte, »das kommt ungelegen – ich habe schon zwölf Spritzen vorbereitet«.

Sie kannten uns als diejenigen, die dem anderen Tiermedizin-Techniker vielfach dankten, dem, der abgemahnt wurde, weil er sich geweigert hatte Charlie zu töten, den Pitbull, der weniger als 24 Stunden später von einer Familie adoptiert wurde, die uns dann Bilder ihrer fünfjährigen Tochter schickten, schlafend auf Charlie. Es war eine Geschichte wie aus einem Kinderbuch, oder vielleicht einem *deutschen* Kinderbuch. Und wir dankten dem Techniker weiterhin, bis er gefeuert wurde, weil er zwei Hunde fälschlicherweise getötet hatte, in deren sechsstelliger ID-Nummer ein Zahlendreher war. Er bemerkte den Fehler nicht, doch ebenso wenig bemerkte es der Zwingerarbeiter, der die falschen Hunde gebracht hatte und seinen Job noch hatte.

Sie kannten uns als diejenigen, die sie großartig fanden mit ihren weit auseinander stehenden Augen und ihren kraftvoll muskulösen Körpern, ihrem Sinn für Humor und ihrem Temperament, mit der Art, wie sie selbst in diesem Haus des Horrors »die ersten, die tanzten, und die letzten, die gingen« waren, mit der Art, wie Ruhe über sie kam, wenn sie ihre Köpfe in unsere Bäuche drückten, wenn sie auf unseren Schößen saßen. Sie kannten uns als diejenigen, deren Begeisterung für sie spürbar war, Rebecca verliebte sich in sie »auf den ersten, den zweiten, den dritten Blick«, Yolanda pflegte sie auch mit ihren gebrochenen Fingern im Gips, Joy und die anderen kamen mit ihrer Fachkenntnis und Wärme. Sie kannten uns als diejenigen, die manchmal einen Chihuahua ausführen mussten – »wie mit einer Ameise spazierengehen«, sagte Laurie – als Abwechslung. Sie kannten uns als diejenigen, die es nicht kümmerte, wenn sie in unseren Kaffee sabberten, die Pappbecher ableckten, wenn wir kurz nicht hinsahen. Sie kannten uns als diejenigen, die ehrenamtlich arbeiteten, für die es eine sinnvoll verbrachte Stunde war, wenn sie einen in

Decken gehüllten Hund streichelten, dessen Kopf nicht von unserem Knie wich, und der am nächsten Morgen getötet werden würde.

Sie kannten mich als diejenige, die am wenigsten Fachkenntnis besaß, und deren Fehler von jenen gesehen wurden, die es besser wussten.

Sie kannten mich als eine, die gerne den Ausdruck »die beste Version von« gebrauchte – etwa bei »Behandelt Chanels Räude und ihr werdet die beste Version von ihr sehen« –, aber die den Begriff »Komfortzone« nicht mochte und der Meinung war, dass man sich aus ihr heraus bewegen sollte.

Sie kannten mich als eine, die sich bei kleinen Hunden nicht sicher war, weil sie mit großen Züchtungen aufgewachsen war und wusste, wie man sie lesen musste, doch immer noch ängstlich war bei Presa Canarios, der Molosser-Züchtung der Kanarischen Inseln, mit ihren dunklen Bullaugen und dem blutunterlaufenen Schlafzimmerblick. Ich hatte in San Franscisco gelebt, als zwei von ihnen aus einem schicken Apartmentkomplex ausbrachen und eine Freundin von mir töteten, die gerade nach ihrer Post schaute und ihre Tür nicht schnell genug aufschließen konnte, bevor die Attacke begann.

Sie kannten mich als diejenige, die einen von dieser Sorte »Arschloch« nannte, als er mich umwarf und ich in einen Stahlbolzen fiel, was mir eine blutende Wunde direkt über einem Auge einhandelte. Sie kannten mich als jemanden, der sie über die Rolle aus dickem Schlauch in der vollgestopften

Garage laufen ließ, der einmal die Woche von einem der Direktoren im Vorstand benutzt wurde um sein Auto zu waschen, für das die Stadt bezahlte. Er kam nie ins Gebäude hinein.

Sie kannten uns als diejenigen, die einen lebensgroßen Pferdekopf aus Plastik an einen Baum im eingezäunten Drecks- hof Hinterhof aufhängten, wo man die Hunde einzeln von der Leine und frei laufen lassen konnte, damit sie erst an dem Pferdekopf schnüffeln konnten, bevor sie ihr Bein gegen ihn erhoben. Sie kannten uns als diejenigen, die Fotos von zwei Wurfgeschwistern eines Pitbullwurfs herumzeigten, die unter den Decken eines Bettes rauften, um näher an die großher- zige Frau heranzukommen, die sie beide adoptiert hatte.

Sie kannten uns als diejenigen, die mit ihnen spazieren gingen, mit den »keine Bedenken« und »mild« eingestuften, aber auch mit den »moderat« und sogar als »schwierig« be- nannten, jedoch nie mit den rot und mit »Achtung« mar- kierten Hunden. Einige der freundlichsten Hunde waren als »moderat« eingestuft, was uns verwunderte, bis wir begriffen hatten, dass der Persönlichkeitstest gemacht wurde, wenn ein Streuner von der Polizei gebracht wurde oder ein Hund von seinem Besitzer eingeliefert wurde, also dann, wenn sie am ängstlichsten waren. »Ängstlich« ist das neue »moderat«. Wie, denkt ihr, wird ein ausgehungerter Hund die Aufgabe »Reser- ven Bewachen« bewältigen, wenn man versucht, ihm seine Futterschüssel wegzunehmen! Sie kannten mich als diejenige, die nie die »fragwürdigen« Hunde pflegte, weil das bedeutete, dass sie sich in jeder Sekunde gegen Dich wenden konnten, Du konntest nicht absehen, was als Nächstes käme, und einige von uns hatten davon schon außerhalb des Tierheims genug.

Sie kannten mich als diejenige, die Enrique auf dem Kieker hatte, den Zwingerarbeiter, der mich gebeten hatte, einen 75 Kilo schweren Cane Corso auszuführen, und als ich fragte »Ist er nicht ›schwierig‹?«, erklärte er mir, »Nee, er ist ein guter Junge«, aber als ich seine Karte anschaute, stand da nicht nur »schwierig«, sondern auch, dass er wegen Beißens von Menschen vom Ordnungsamt als »Listenhund« eingestuft worden war. Er hatte seinen Besitzer gebissen.

Sie kannten mich als eine, die Enrique verzieh, als er auf dem neu verlegten Boden ausrutschte, während er einen verängstigten Mastiff bändigte, hinfiel und sich die Lunge durchbohrte. Nachdem sie dafür gestimmt hatten, fast Fünfzigtausend Dollar auszugeben, um den Boden der Einrichtung neu zu machen, musste der Vorstand dann weitere Mittel bereitstellen, um ein Team mit Schleifmaschinen anzuheuern, die dann den teuren neuen Boden aufrauen mussten. Die bereitgestellten Mittel wurden aus der Versorgung genommen, und so musste das Zwingerpersonal uns, die Ehrenamtlichen, nach Futter fragen, wenn es zur Neige ging, denn die Hunde zu füttern hatte bei der Vorstandsentscheidung keine Rolle gespielt.

Sie kannten mich als diejenige, die die verängstigte Hundeschnauze einer langschnäuzigen Promenadenmischung im

Krankentrakt hielt und »There is a nose in Spanish Harlem«
sang, bis sie eingeschlafen war.

Sie kannten mich als diejenige, die sich weigerte, die Vor-
hängeschlösser an ihren Zwingern zu schließen, die Schlösser
waren eine neue Vorschrift, nachdem jemand einen Welpen
aus dem Trakt »Kleine Hunde zur Adoption« gestohlen hatte,
die garantiert, dass die Hunde bei einem Brand sterben würden.

Sie kannten mich als diejenige, die ihnen dumme Fragen
stellte – »Wie bist Du nur so niedlich geworden?« – und die
diese Frage dann dümmlich beantwortete, indem sie für den
aufgedrehten Hund antwortete, »Ich wurde niedlich geboren
und dann nur noch niedlicher«. Sie kannten mich als diejenige, die in Babysprache mit Babys redete, aber mit normaler
Stimme über aktuelle Ereignisse mit denjenigen sprach, die
diese Art von Diskurs bei Unterhaltungen zu zweit schätzten.
Ich erzählte einem ältlichen Pitbull von einem Helden des
Zweiten Weltkriegs, der in diesem Jahr mit über 90 in Florida
in einem Krankenhaus gestorben war, nachdem er in einer
emotionalen Notlage in einem Metallkäfig fixiert worden war,
der über seinem Bett angebracht wurde. Der Posey-Käfig war
in Osteuropa schon lange verboten, doch irgendwie immer
noch in Florida nutzbar. Eingesperrt auf der Fläche seines
Bettes, »ist er wie ein Hund gestorben«, sagten die Leute.

Sie kannten uns als diejenigen, die Briefe an den Kongress
schrieben, um Gesetze zu unterstützen, die durch mensch-

liche Grausamkeit nötig geworden waren und nach hündischen Opfern benannt wurden: Oreos Gesetz, Nitros Gesetz, das Gesetz für den Heldenhund aus Afghanistan, und das war allein dieses Jahr.

Sie kannten mich als diejenige, die an ihnen liebte, was sie bei Menschen abstieß: die offenkundige Bedürftigkeit, die Anhänglichkeit, der Appetit. Sie kannten mich als jemanden, der in ihren Gesichtern ihre Seelen sah, der niemals ausdrucksvollere Augen als ihre gesehen hatte in den Farben von Kleehonig, Rootbeer, Flussbett, und die dreifarbigen Augen, »zersprungenes Glas«, eines Catahoula-Hundes, selten in nördlicheren Gefilden zu finden. Sie kannten uns als diejenigen, die ihre Biografien schrieben, um sie in Tierschutzgruppen zu posten, die sich für die Rettung von Hunden einsetzten, die wir mit Cleopatra, dem Lone Ranger oder Charlie Chaplins Little Tramp, mit John Wayne, Johnny Depp und natürlich mit Brad Pitt verglichen, und wir fragten uns, ob wir nicht etwas übertrieben oder weich im Kopf geworden waren, wie Lennie in *Von Mäusen und Menschen*. Sie kannten uns als diejenigen, die versuchten einzuschätzen, was sie durchgemacht hatten, so sagte Laurie über einen Hund mit Drainageschläuchen in den Wunden an seinem Kopf, »Er sieht erschöpft aus, selbst wenn er schläft.«

Sie kannten uns als diejenigen, die Briefe an den Bürgermeister schrieben, in denen wir kritisierten, dass das Ordnungsamt die Anzahl der Hunde in der Stadt schwer unterschätzt hatte, um den Fehler zu vertuschen, dass sie nicht genug Hunde lizensiert hatten. Der politische Begriff hierfür ist »die Compliance-Bilanz aufblasen«. Sie kannten Joy als die brillante Ermittlerin, die den übrigen von uns erzählte, dass der Gouverneur den Staatshaushalt frisiert hatte, indem er sich Mittel verschafft hatte, die beiseitegelegt worden waren, um Kastrations- und Sterilisationsdienstleistungen im ganzen Staat zu unterstützen.

Sie wussten das? Sie schienen es zu wissen, genau wie sie Joys Versuch zu schätzen schienen, einem neuen Mitarbeiter zu erklären, dass die Angestellten es nicht »vergessen« hatten, die Zeiten aufzuschreiben, wann sie bestimmte Hunde spazieren geführt hatten, und dass der freie Platz auf den Protokollen an drei Tagen hintereinander bedeutete, dass dieser Hund drei Tage nicht spazieren geführt wurde. »Als das Budget um eineinhalb Millionen gekürzt wurde«, begann Joy. Doch der neue Mitarbeiter glaubte ihr nicht.

Sie kannten uns als diejenigen, die Gründe für Einlieferungen hinterfragten und wussten, dass »keine Zeit mehr« für einen alternden, kranken Hund bedeutete, dass der Besitzer von der Wirtschaftskrise betroffen war und die Tierarzt-Rechnungen nicht begleichen konnte. Sie kannten uns als diejenigen, die für die »weggeworfenen Muttertiere« schwärmten, milchgebende Weibchen an Pfosten in der Bronx gebunden, nachdem die Besitzer ihre Welpen verkauft hatten, und für verschreckte junge Köderhunde von den Hundekämpfen –

wir würden alles für sie tun –, ihr Köpfe und Körper von Narben übersät wie unglückliche Lebenslinien in menschlichen Handflächen, deren Schwänze aber trotzdem wedelten, wenn wir die Hand ausstreckten, um sie zu streicheln.

Sie kannten mich als diejenige, die ihre Meinung über Presa Canarios änderte, nachdem ich einen gefunden hatte, der einen Schutzkragen trug, der ihn nicht an sein Futter kommen ließ. Ich musste seine Schüssel in den Kragen an sein Maul halten, damit er fressen konnte; ich verlor meine Angst vor Presas.

Sie kannten mich als diejenige, die Bully Project in ihrer Smartphone-Schnellwahl hatte, die wusste, dass das Besitzen von mehr als fünf Hunden in Connecticut, rechtlich betrachtet, Horten war, und die oftmals einen geliebten Hund zum Schein herausnahm, wenn ich ihn auf der Liste fand, indem ich mich als Tierschutzrettung ausgab, sodass der Hund in den vierundzwanzig Stunden, die das Tierheim brauchte, um die Fälschung zu bemerken, noch eine Chance hatte, wirklich von jemandem aufgenommen zu werden.

Sie kannten mich als diejenige, die in Wut entflammte und nicht wusste, wie sie damit umgehen sollte, bis ein Hund einen Ball aus der Ecke seines Zwingers holte und ihn zu mir brachte, als wollte er fragen, »Hast Du daran schon mal gedacht?«

Sie kannten mich als jemanden, der einen Satz Spanisch lernte – »Lo siento mucho«, Es tut mir so leid – und diesen

Satz oft in der Eingangshalle verwendete, wenn ihr ein Hund gebracht wurde, dessen Besitzern eine Räumungsklage durch die New Yorker Wohnbaubehörde drohte, wenn sie den Hund nicht abgaben.

Sie kannten mich als diejenige, die ein Gnadengesuch für einen Hund namens Storm schrieb, der am nächsten Morgen getötet werden sollte, und ihn losschickte, nur um am nächsten Tag zu erfahren, dass es in dieser Nacht zwei Hunde mit dem Namen Storm im Tierheim gegeben hatte, und dass der, dem das Gnadengesuch gegolten hatte, am Morgen getötet worden war – ich hatte die ID-Nummer des Hundes nicht aufgeschrieben. Das hier handelt also nicht von Heldentaten; es handelt von einer unmöglichen Arbeit. Ich habe mich mit ihnen in Dreck und Drangsal verbündet, und dann habe ich sie dort zurückgelassen.

Sie kannten mich als diejenige, die an dem Obdachlosen in der East 110th vorbei lief, der sagte, »Wenn Sie jemanden retten wollen, dann retten Sie mich.«

Sie kannten mich als diejenige, die durch die verglaste Front einer Tür des geschlossenen Traktes einen Hund sah, der erst eine Pfote und dann die andere hob, eine Pfote zum Schütteln, obwohl da niemand war, ein Trick, den man ihm beigebracht und für den man ihn einst gelobt hatte, ein Hund, noch nicht zerstört, aber verzweifelt.

Sie kannten mich als jemanden, der die öffentliche Propaganda eines »Full-Service«-Tierheims entlarvte, dass es bedeutete, dass hier Tiere getötet wurden, und dass der angebotene Rundum-Service der Tod ist.

Sie kannten mich als jemanden, der herausfand, dass die Mittel für den gefährlichen neuen Boden auch aus der medizinischen Versorgung genommen wurden, dass der Vorstand befunden hatte, dass die erste Injektion, das Beruhigungsmittel, »nicht zwingend erforderlich« sei vor der Injektion von Pento-Barbital, welche sie tötet, und da es bis zu fünfzehn Sekunden dauert, bis das Pento-Barb wirkt, müssen die Hunde in dieser Zeit durch den Raum in Richtung des Haufens von Körpern laufen, zu denen sie sich gesellen müssen, und von denen nur einige eingepackt sind. Dies wird also das letzte Bild des Lebens auf der Erde sein, das der Hund mitnimmt. In meiner Fantasie werden sie wach und finden sich mit vollen Bäuchen in der warmen Karibik paddelnd wieder, das klarste Wasser über weißen Sandriffeln, bis sie sich erfrischt weiter draußen in kälterem Wasser wiederfinden, *in der tiefen blauen riffvernarbten See.*

Sie kannten mich als diejenige, die eine andere Freiwillige bat, Creamsicle zu halten, einen jungen vanille- und orangefarbenen Welpen, während ich seinen verschmutzten Zwinger reinigte und sein Bett machte, am Ende der Nacht. Ich wusste, dass Katerina das Tierheim gleich verlassen würde, um zum nahegelegenen Krankenhaus zu gehen, wo ihr Vater im Sterben lag. Sie wiegte den schläfrigen Welpen in ihren Armen. Sie sagte, »Du arbeitest zu schnell.« Sie küsste den Welpen. Sie gab ihn mir. Sie sagte mir, »Du solltest Dir Zeit nehmen.« Wir waren beide müde, und wir wechselten uns ab, den Hund an unserem Herzen zu halten. Sie haben es gesehen; sie wussten davon. Die Station wurde still. Wir nahmen uns Zeit.

Der Tornado aus Puppen

*I*n einem Raum in Greensboro, North Carolina, kommt ein Tornado aus Puppen herunter. Puppen formen den Rüssel und verdunkeln den Raum mit allem, was in den Trichter aus Puppen gezogen wurde, der auch ein Telefon und ein Xylophon aufgesaugt hat, und die Puppen sind entweder ganz, oder es fehlen ihnen Gliedmaßen, oder es fehlen ihnen Augen, oder sie haben aufgesperrte Augen und Haare zu Berge. Sie sind nackt und angezogen, neu und alt. Die Puppen, die sprechen können, sprechen nicht; die Puppen, die »nässen« können, sind trocken. Die Wolke aus Puppen ist irgendwie an der alten Fabrikdecke im dritten Stock eines Gebäudes aufgehängt, das, wenn es je Feuer fänge, im Nu in Flammen stünde.

Die Puppen sind keine Puppen mehr; sie sind Wetter, stürmen in einen Raum in der Stadt, in der die Straße runter ein berühmter Woolworth ein Bürgerrechtsmuseum ist, im Inneren die Imbisstheke noch erhalten, an der vier schwarze Studenten darauf warteten, am ersten Tag des Februars 1960 bedient zu werden. Man kauft eine Eintrittskarte, um hineinzukommen und ihn zu sehen, und man kauft eine Eintrittskarte für den Puppen-Tornado, und es ist den Eintrittspreis wert, beide Male, um das zu sehen, was nun alltäglich ist, während es zurück hinunter donnert.

Ich bleibe bei Syd

*I*ch war nicht die einzige Freundin, an die Syds verheirateter Mann sich herangemacht hat, als er sie am Strand besuchen kam. Ich erkannte, dass er anhänglich sein würde. Also wollte ich nicht mit ihm sprechen. Doch dann hatte Syd, in der Nacht bevor er heimfahren würde, Freunde zu Gast, und er lud mich in den Westen ein und sagte: »Warum sollen nicht das hier«, er meinte mich, »und das da« – Syd –, »miteinander zusammenkommen, das nimmt doch nichts weg?«

»Eine Amplitude«, sagte er.

Nachdem ich dem verheirateten Mann einen Korb gegeben hatte, brachte er Syd herüber, gab ihr einen gekünstelten Kuss, drehte sich zu mir und sagte: »Du bist schon heftig.« Ich dachte, Was für ein Aal – warum sagst Du nicht einfach, dass Du mich hasst? Das Hervorstechende an seiner Kommunikation ist das, was er nicht sagt, wenn etwas zu sagen, einen Unterschied machen würde. Eine Passivität.

Ich ging auf den Steg hinaus und begutachtete eine Ansammlung von Muscheln. Ich sage gern »Musch«, so oft ich kann. »Dumme Musch.« Dann auf nach Hause, um mir das Eigentliche an einer Schlaftablette einzuführen.

Zwischen den beiden war es immer fast aus, insbesondere zu Beginn. Vom Startblock bis zur Ziellinie hätte es, wenn sie alles getan hätten, was sie hätten tun können, wie lange – vielleicht Maximum einen Monat gebraucht? Aber für Syd war es eine Romanze wie in diesem Film von jemandem, der ihr nicht einfiel. Also walzten sie es in die Länge, und jeden Monat zog ich für eine Woche in das Haus am Strand.

Ich habe hier sehr lange gelebt. Hier – und nicht hier.

Es zieht ein Sturm von Süden herauf, und ich mache mir Sorgen, dass ein Baum aufs Haus stürzen könnte. Aber ich mache mir auch dann Sorgen darüber, wenn es nicht regnet. Syd will nicht bezahlen, was der Baumtyp dafür haben will, um die alte Eiche zu stutzen. »Dann stellen Sie wenigstens Ihr Bett um«, sagte der Baumtyp.

Aber es ist nicht mein Bett. Es ist Syds Bett, Syd wieder im Westen, um den verheirateten Mann zu treffen, der von ihr will, dass sie ihm treu ist.

Syd kommt von dem verheirateten Mann zurück und wacht mitten in der Nacht tränenüberströmt auf und weiß nicht, warum.

»Weil Du einsam bist und innerlich leer und nichts hilft?«, fragte ich, und sie sagte. »Ja, das auch.«

In der Nacht ihrer Rückkehr bleibe ich bei Syd.

In der Nacht nach ihrer Rückkehr erreicht der Sturm das Festland, und sie sagt, dass wir einen Film schauen könnten, bis es ausgestanden ist, also fahren wir zum alten Kino in der nächsten Stadt, an der guten Pizzeria die Straße runter, und wir setzen uns viel zu nah an die Leinwand. Die Klimaanlage kommt in Wellen. Am Eingang gab es schon keine Cola mehr, bevor Syd ihre Bestellung aufgeben konnte.

Die Vorankündigung war ein Sci-Fi-Thriller voller Spezial-effekte. Quer über die Leinwand: DIESEN SEPTEMBER! Dann ging das Licht an, und ein Polizist führte alle aus dem Kino, er sagte, es gäbe eine Bombendrohung. Wir standen mit hundert anderen Leuten auf der Straße vor dem Kino. Uns wurden keine Ersatzkarten für eine andere Vorstellung angeboten, also nahmen wir an, dass wir wieder hereinkämen. Nur ein einzelner Polizeiwagen tauchte auf. Mehrere Leute verschwanden, um sich Bier und Pizza zu besorgen. Wir konnten das Meer riechen, sogar noch im Regen. Meine Haare waren verdickt vom Salzwasser. Syd drückte einen weißen Punkt auf meine sonnenverbrannte Schulter und sagte:»Gibt es einen Sonnenschutzfaktor höher als fünfzig?«

Der Geruch von Pflanzendünger zog von der Gärtnerei am Ende der Straße hinauf, wo man sich zwischen identischen Reihen von einjährigen Pflanzen entscheiden kann.

Dreißig Minuten und der Anführer des nicht überzeugenden Entschärfungskommandos, sein gelangweilter Partner kehrte zum Streifenwagen zurück und sagte uns, wir könnten hineingehen.

Der Großteil des ursprünglichen Publikums ging hinein und nahm Platz. Wir setzten uns diesmal etwas weiter nach hinten. Ohne Grund.

Der Filmvorführer begann von vorn mit den gleichen Vorankündigungen, dem Sci-Fi-Schnarchfest.»Wir drehen uns im Kreis«, sagte Syd. Sie legte ihren Arm um meine Schulter, und wir sanken in unsere Sessel, um zuzuschauen.

DIESEN SEPTEMBER

Beeil dich, Sommer, und geh zu Ende.

Die Schikane

*A*ls der Film mit dem französischen Schauspieler im Valley herauskam, ging ich in die zweite Vorstellung des Abends. Es war eine hippe romantische Komödie, nicht so bemerkenswert aber, wie es sein erster Film gewesen war, das derbe Schelmenstück, das seinen Namen berühmt gemacht hatte.

Vor mehr als dreißig Jahren war meine Tante Lauryn damit beauftragt, ihn zu Interviews zu begleiten und als seine Übersetzerin zu fungieren. Sie studierte damals an einer Universität in Madrid und machte ein Auslandsjahr fern von zu Hause in den Staaten, im mittleren Westen.

Lauryn war lebhaft und lustig, ein leidenschaftliches Mädchen mit einer gleichmäßig gebräunten Haut. Der Schauspieler blieb in seiner Rolle, und als sie ihm einen Monat später schrieb, dass ihre Tage überfällig waren, erhielt sie keine Antwort. An dem Tag, als sie eine Fehlgeburt erlitt, hatte ihre mehrere tausend Kilometer entfernte beste Freundin ein »schlechtes Gefühl« und rief den Hausmeister von Lauryns Wohngebäude in Madrid an, ansonsten hätte Lauryn die Überdosis nicht überlebt.

Sie berappelte sich mit der Hilfe ihrer Mutter in Chicago, in langen Gesprächen, die sie jede Nacht brauchte. Ein Jahr später traf sie jemanden, der sie vergötterte. Sie war nach Lissabon gezogen, um medizinische Dokumente zu übersetzen, während sie ihre letzten Uni-Seminare absolvierte. Macario war der Nächste.

———•———

Macario stand in einer Schlange am Eingang, als die Banco de Portugal um neun Uhr öffnete. Drinnen nahm er in einem abgetrennten Büro eines Bankberaters Platz, während der Banker den Schlüssel für das Schließfach holte. Der Bankberater begleitete ihn zum Safe, und die beiden Männer standen nebeneinander, als Macario das Schließfach öffnete und dem Inhalt ein Tonband in einer marineblauen Filztasche hinzufügte. Er schloss das Fach und ließ sich vom Banker nach oben und bis zur Tür begleiten.

Die Bank war in Lissabon, und die Fahrt von Estoril in die Stadt hatte eine halbe Stunde gedauert. Ein anderer Fahrer hätte dafür eine Stunde gebraucht, aber Macario war professionelle Rennen gefahren, und auch wenn er nicht mehr oft an Wettbewerben teilnahm, fuhr er noch immer mit hoher Geschwindigkeit und Aggressivität. Beim Rennfahren hat er auch Lauryn kennengelernt, ein amerikanisches Mädchen, das im Ausland Sprachen studierte und Seminare schwänzte, um an die Rennstrecke zu kommen. Sie sah eher südländisch aus, nicht wie aus dem Mittleren Westen, und als er sie an der Ziellinie sah, war er froh, als er feststellte, dass sie fließend Portugiesisch sprach.

Als Lauryn ihn ein paar Monate später mit nach Hause brachte, um ihre Mutter zu treffen, wünschte sich Hillis, dass ihr Ehemann noch lebte, um helfen zu können. Sie war erschöpft davon, ihren Ehemann vor nicht ganz einem Jahr verloren zu haben, und sie entschied sich dazu, auf das Glück ihrer Tochter zu hoffen, wenn sie sich nicht auf Lauryns Urteil verlassen konnte. Die Hochzeit fand in Lissabon statt, an die sich kurze Flitterwochen im Ritz anschlossen. Hillis war nicht angereist, hatte aber ein unübertrefflich großzügiges Geschenk geschickt.

Das Haus, das Macario für sie in Estoril gemietet hatte, zeigte zum Meer hinaus. Das Chalet Esperanza war im 16. Jahrhundert errichtet worden; von den Terrassen ergossen sich Bougainvillea bis zum Boden. Die Frischvermählten tranken morgens Kaffee auf der Schlafzimmerterrasse, die nah genug am Meer war, um bei Ebbe die Seesterne am Strand auszumachen. Macario brachte seiner Braut einen winzigen Pudel mit – überwiegend Pudel –, der ein paar Tage an der Rennstrecke gewesen war. Das Boxenteam hatte ihn gefüttert, aber niemand war gekommen, um nach ihm zu suchen. Lauryn nannte den kleinen Hund Espe: Sie badete sie und kaufte dem Hund eine ganze Reihe von Halsbändern. Macario nutzte den Sommer, um seine Braut kennenzulernen.

Lauryn schrieb Hillis über die herrlichen Tage, denen sie Morgen für Morgen erwachten. Sie erzählte ihrer Mutter, dass sie früher zum Markt ginge als die Touristen, sie sagte, dass sie selbst keine Touristin mehr sei seit ihrer Hochzeit mit Macario. Sie schrieb, dass sie das platte Chicagoer »aeh« losgeworden sei – sie bemerkte es die wenigen Male, da sie ihre Muttersprache gebrauchte. Sie war dort, wo sie sein sollte, sagte sie, und lebte ein Leben, das Sinn ergab.

Sie lernte die Geschichte der Küstenorte, besuchte die herausragenden Kirchen und lebte in Estorils mildem Sommer auf, im Gegensatz zu der trockenen Hitze Illinois'. Sie erzählte, dass sie gern in Parede umherschlenderte, das war ein kleiner Strandabschnitt, wo der hohe Iod-Anteil im Wasser angeblich gut für die Knochen war; es gab zwei orthopädische Kliniken im Ort. Lauryn erzählte ihrer Mutter, dass sie plane, eine zu besichtigen und den Patienten der Kinderklinik etwas vorzulesen.

An manchen Tagen fuhr sie nach Tamariz, einem Strand neben dem Estoril Casino & Gardens, oder zum Fischmarkt nach Praia dos Pescadores oder zu der barocken Kirche der Seefahrer, um dafür zu beten, dass Macario immer zu ihr zurückkehrte und nicht an die Rennstrecke.

Der Circuito Estoril am Autódromo war mit seinen unebenen Geraden, ständigen Spitzkehren, schwierigen Bremszonen und der komplizierten Schikane eine schwierige Strecke in der Formel-1. Der Monat, in dem sie das Chalet hatten, der Juli, das war der Monat, in dem nur die Motorräder fuhren. Solange Macario und Lauryn ihren Aufenthalt nicht verlängerten, wären seine Rennfreunde nicht dort, um ihn zurück auf die Strecke zu locken.

Jeder sah den anderen als seinen Hauptgewinn, wozu also sollte man sich weiter messen?

So dachte Lauryn, und so wurde es ihrer Mutter berichtet und dann an mich weitergegeben. Macario, hob sie hervor, hatte bereits eine Vitrine mit Trophäen gefüllt; musste er wirklich sein Leben weiter riskieren, jetzt, da er Frau und bald ein Kind haben würde?

Auch wenn Lauryn einundzwanzig Jahre alt war und ich siebzehn, behandelte sie mich nicht wie das Kind ihrer älteren Schwester, sondern als jemand, der von all dem profitieren könnte, was sie gelernt hatte. Auch wenn ich Sprachen nicht so leicht erlernen konnte, wie sie es konnte, nahm ich andere Lektionen mit.

In diesem Sommer begann Lauryn weite Kleidung zu tragen. Sie steckte ihre Shirts nicht mehr in die Hose. Sie hielt Nickerchen und war abwechselnd krank und heißhungrig. Sie erweckte in Macario ein Dynastie-Gefühl, ein Wort, das sie ironisch benutzte, er jedoch nicht.

Dann machte sie den klassischen Fehler, das Exotische aus seiner Umgebung zu holen. Sie zog mit ihrem Ehemann zurück in die Heimat und verwandelte ihn in etwas, das sie leicht hätte finden können, ohne Illinois zu verlassen. Macario nahm ihr das nicht übel, doch Lauryn begann damit, ihm dieselben Dinge zu verübeln, die sie anfangs an ihm anziehend fand.

Nach dem Monat in Estoril brachte Lauryn Macario wieder nach Hause. Sie wollte einen amerikanischen Arzt, sie wollte die Hilfe ihrer Mutter mit dem Baby, sie wollte, dass Macario eine Stelle in der Firma annahm, die ihr Vater einst geleitet hat. Sie wollte letztlich einen amerikanischen Ehemann. Als ihr Sohn, James, geboren wurde, sprach Macario seinen Namen »Zsaim« aus. Portugiesisch war die Sprache, in der sie stritten.

Die ersten beiden Jahre ihrer Mutterschaft waren Balsam für Lauryn. Während der Schwangerschaft hatte sie aufgehört, Tabletten zu nehmen, um ihre Gedanken aufzuhellen, und nach der Geburt des Babys fing sie nicht wieder damit an. Sie schob ihren Gemütswechsel auf die neue Verantwortung, auf die Wachsamkeit, die es brauchte, um ihr Kind zu beschützen und sicherzustellen, dass es gesund aufwächst. Und entweder sprach sie mit ihrer Mutter am Telefon oder sie sah sie tagtäglich. Ich sah sie alle paar Monate, wenn ich nach Kalifornien flog, um dem Leben zu entkommen, das für mich noch nicht richtig begonnen hatte. Ich fand ihr Leben besser, jenes, von dem sie sprach, bevor das Baby geboren wurde.

Macario half bei der Erziehung, wenn er abends aus dem Büro kam. Dennoch sagte Lauryn, dass sie eine Pause von allen brauchte, von allem, und an ihrem dreiundzwanzigsten Geburtstag buchte sie einen Flug nach Lissabon.

———•———

Macario hätte nie erfahren, dass es eine Aufnahme gab, wenn der Polizeichef nicht ein alter Freund gewesen wäre, der es ihm erzählt hatte. Es war nicht allgemein bekannt, dass die Polizei internationale Anrufe innerhalb der Hauptstadt aufzeichnete. Als also Lauryn am letzten Tag ihres Lebens aus einem Zimmer im Lissabonner Ritz ihre Mutter in Chicago anrief, wurde das Gespräch von der Polizei aufgezeichnet. Der Polizeichef hat Macario nicht nur davon erzählt, er gab ihm sogar eine Kopie der Aufnahme. Macario hörte es sich einmal an und legte es dann in sein Schließfach bei der Bank. Er sagte Hillis nicht, dass es eine Aufnahme vom letzten Gespräch gab, das sie mit ihrer Tochter geführt hatte oder dass er Lauryn zugehört hatte, wie sie immer weniger Sinn ergab, nachdem sie die Tabletten genommen hatte. Mir aber hat er es erzählt.

———•———

Hillis und ich tranken Kaffee auf ihrer Terrasse im 18. Stock ihres Wohngebäudes, das nahe genug am Lake Michigan lag, dass wir den Diesel riechen konnten. Sie hatte nach Lauryns Tod weitgehend auf Koffein verzichtet; es minderte die Wirkung der Medikamente, die sie seitdem zur Beruhigung nahm. Aber man könne nicht alles auf einmal verlieren, meinte sie, und trank weiterhin morgens Kaffee wie ehedem. In den Jahren seit Lauryns Tod hatte sie die Aussicht von ihrer Terrasse verloren. Sie war größtenteils durch das John Hancock Building verdeckt worden, dessen Bau sie von ihrem Wohnzimmer aus gegenüber vom Büro- und Wohngebäude beobachten konnte.

Hillis wollte nicht über Lauryn sprechen, aber sie schien sich über meine Besuche zu freuen, wenn ich von der Küste nach Chicago zurückkam. Auch wenn meiner Arbeit keinerlei Glamour innewohnte, fragte mich meine Großmutter nach Einzelheiten. Aufgrund eines unangenehmen Beinahe-Zufalls lektorierte ich Artikel für medizinische Fachzeitschriften. Es war eine Arbeit, von der ich wusste, dass ich sie aufgeben würde, sobald sich etwas Besseres ergäbe.

Ich bin mir sicher, Lauryn hätte die Rezeption des Ritz Hotels angerufen, wenn sie gewollt hätte, dass ein Arzt kommt und ihr den Magen auspumpt, und hätte ihnen gesagt, dass sie einen auf ihr Zimmer schicken sollen. Sie wollte mit ihrer Mutter sprechen und hören, dass ihre Mutter ihr aus tausenden Kilometern Entfernung erzählt, dass James in seiner Krippe im Gästezimmer schlief, und dass es schwer zu verstehen war, was sie sagte – konnte sie lauter sprechen? – und dass sie sich besser fühlen würde, wenn sie morgens aufwachen würde, und dann hatte sie ihre Mutter gebeten, in der Leitung zu bleiben, während sie sich selbst in den Schlaf sang.

Macario hat mich die Aufnahme nicht hören lassen: Ich musste seiner Erzählung darüber, was auf dem Band war, glauben, als er mich an James' 10. Geburtstag zur Seite nahm und mir dieses scheußliche Geschenk machte. Warum mir das zu jenem Augenblick erzählen? Er hatte keine Antwort darauf, als ich ihn fragte.

An diesem Morgen wollte ich meine eigene Aufnahme machen. Ich wollte meiner Tante von der Party in Malibu erzählen, auf der ich letzte Nacht war. Der Typ, der die Tür öffnete, war nicht der Gastgeber, sondern der französische

Schauspieler, der Wüstling, der in seinem ersten Film einen Wüstling gespielt hatte, der meine Tante in Madrid vor so vielen Jahren verführt hatte. Er war sehr vorteilhaft gealtert; er hatte es noch, dachte ich.

Ich wollte etwas durchspielen, also folgte ich ihm durch das Haus und fragte, ob er mit mir hinausgehen und mir den Nachthimmel zeigen würde. Ich stellte mich als Lauryn vor und buchstabierte die Stelle, an der das »y« das »e« ersetzte. Erwartete ich, dass er zusammenzuckte? Mit seinen Armen auf meinen Schultern erzählte er, was wir beim Hochblicken sahen. Ich hätte nicht beurteilen können, ob das, was er über die Konstellationen sagte, stimmte. Sein Akzent funktionierte fast bei mir. Als er aber aufhörte zu reden und sich für einen Kuss zu mir herüberlehnte, wich ich aus und sagte: »Du kannst mich in Erinnerung behalten als das Mädchen, dem Du den Neumond gezeigt hast.«

»Aber Schätzchen«, sagte er, »es gibt jeden Monat einen neuen.« Dennoch wollte ich es meiner Tante erzählen. Die Zeit der Musikkassetten war vorbei, aber die Geräte mussten irgendwo aufzutreiben sein, und wenn ich diejenige wäre, die eins auftreibt, würde ich dann nicht eine Kassette aufnehmen, auf der ich ihr die Geschichte erzähle? Würde ich sie nicht an Macario in einer passenden Filztasche senden, damit er sie zu der Bank in Lissabon mitnehmen und das Schließfach öffnen und sie neben die Kassette legen könnte, auf der sich seine Frau im Safe hinfort redet?

Greed

*M*rs. Greed war seit vierzig Jahren verheiratet, ihr Ehemann der größte Gehörnte aller Zeiten. Ein betulicher Mann mit einem beachtlichen Vermögen, der sie auf Besorgungen in der Nachbarschaft begleitete. Es war Ehrensache für Mrs. Greed zu sagen, dass sie ihn nie verlassen würde. Es spielte dabei keine Rolle, ob ihre Zuneigung für ihn von ihrer Hingabe an andere übertroffen wurde. Einschließlich, beispielsweise, an meinen Mann. Wenn sie zu Hause im Bett ihres Mannes schlief, interessierte es ihn dann, was sie tagsüber tat?

Ich war diejenige, die es interessierte.

Beschützt durch Männer, Geld und fehlendes Schamgefühl war Mrs. Greed lange in der Lage gewesen, dem zu entgehen, was sie verdient hatte. Sie besaß jene Fröhlichkeit, die Männer glauben ließ, sie vögelte nicht herum, sie dachten, sie verfüge über joie de vivre; sie hielten sie für einen Freigeist, nicht für eine Hure.

Sie konnte es sich leisten, in wildem Verhalten zu schwelgen und die Morgen nach Nächten zu verschlafen, die sie vor ihren Freunden versteckt hielt. Sie bereiste die Welt und verwandelte sich an anderen Orten in die Person, die sie sein konnte, mit Menschen, die sie nie wiedersehen würde.

Sie war viele Jahre älter als mein Mann und lebte von ihrer inzwischen auf Sparflamme brennenden Schönheit. Die ihre war eine konventionelle Schönheit, und ich schämte mich dafür, dass mein Mann ihr huldigte. Durch ihre Begegnung floss ein Strom des Bedauerns: darüber, dass sie sich nicht früher begegnet waren.

Er fragte sie, ob sie mütterliche Gefühle für ihn hege. Sie antwortete, sie sei sich nicht sicher, was er hören wolle. Sie sagte ihm, sie fühle eine erotische Mischung aus Leidenschaft und Zärtlichkeit. Wenn er die Zärtlichkeit als mütterlich wahrnehmen wollte, lass ihn doch.

Als sie sich kennenlernten, so sagte er, habe er die Tatsache nicht verheimlicht, dass sie aussah wie seine Mutter, eine schicke Frau, die grausam zu ihm gewesen ist und starb, als er noch ein Junge war. Er hatte das nicht gesagt, um ihr Alter zu betonen, noch hatte sie es für eine Obsession gehalten. Sie musste es so gehört haben, wie sie gespürt hatte, dass es gemeint war: als ein Kompliment, als zusätzliche Möglichkeit, ihre Verbindung zu stärken. Sie wäre glücklich gewesen, eine gute Mutter und zugleich die ultimative Sinnlichkeit zu sein. Und seht nur, wie ihre Suche nach Lust für jene in ihrem Umfeld Freude erschuf!

Ein Ding zwischen den beiden: grüne Äpfel. Niemals rote, immer grüne. Ich wusste, dass mein Mann Mrs. Greed zu Gast gehabt hatte, wenn die drei Körbe in der Küche mit glänzenden, grünen Äpfeln gefüllt waren. Mein Mann behauptete, er möge ihren Anblick; ich habe ihn nie einen essen sehen. Sobald sie anfingen, weich und braun zu werden, warf ich sie fort. Und rasch würden die Körbe wieder gefüllt sein.

Er erzählte mir, dass er sie vom italienischen Markt in der Stadt habe. Aber ich habe das überprüft, und der italienische Markt führt keine grünen Äpfel. Was die grünen Äpfel für sie bedeuten, weiß ich nicht, will ich nicht wissen. Aber sie brachte stets welche mit, wenn sie unser Haus betrat, und hätte ich die faul gewordenen nicht weggeworfen, so schien es mir, hätte er jeden einzelnen aufbewahrt. Die Art, wie er diese Äpfel fetischisierte – das machte ihn weniger attraktiv für mich.

Mrs. Greed überzeugte ihren jungen Liebhaber, meinen Mann, dass sie »nicht der Typ« war, »etwas machen zu lassen«, aber sie hatte etwas machen lassen. Sie musste eine hohe Schmerztoleranz haben. Nach jeder Behandlung konnte sie zur Heilung einen Monat oder länger abtauchen. Sie war weniger erfolgreich darin, die Ergebnisse anderer Operationen zu verstecken. Sie behauptete, dass ihre Sportlichkeit es notwendig machte, gab eine »Sportverletzung« vor, um den Horror des schlichten Alterns abzumildern. Aber sie konnte die darauf folgende Steifheit nicht verbergen, einen Mangel an Elastizität, die sie als alte Frau kenntlich machte, die die Straße langsam in Schuhen mit flachen Absätzen überquerte. Ich habe sie eine Straße auf diese Weise überqueren sehen, assistiert von meinem Mann.

Vielleicht mochte sie es deshalb, Klagen über seine anderen Frauen anzuhören, dass sie verwöhnt und kleinlich wären, Klatschweiber, die ihm seine Beziehung mit ihr verübelten.

Denn über dergleichen schwieg er nicht. Zuerst hatte sie das Gefühl, dass die anderen gewonnen hatten, weil sie ihn jederzeit sehen konnten. Dann sah sie, dass die ständige Verfügbarkeit der anderen garantierte, dass er ihrer müde wurde. Sie waren nicht von Dauer, und sie wusste es, bevor die anderen es taten. Wie sehr er sie also auch anflehte, dass sie ihren Mann verlassen solle oder *ihn* zumindest häufiger treffen, Mrs. Greed weigerte sich. Es nagte an mir, dass er sie mehr wollte, als sie ihn.

Ich hörte ihnen oft zu. Ich hatte eine Kamera an den Computer angeschlossen, als ich allein zu Hause war. Für zweihundert Dollar hatte ich eine versteckte Überwachungskamera gekauft, die in ein Buch eingepasst war. Ich hatte nicht erwartet, dass es funktionieren würde. Ich ließ sie neben der Uhr auf dem Nachttisch. Ich hatte nicht die zusätzlichen fünfundsiebzig Dollar ausgegeben, die mir die beiden in Farbe gezeigt hätten. Doch das 90-Grad-Winkel-Sichtfeld passte für unser Schlafzimmer, und Geräusche wurden auf bis zu 200 Meter Entfernung aufgezeichnet. Hätte das nicht so gut funktioniert, hätte ich Schlange gestanden, um die Kamera zu kaufen, die in einem Rauchmelder für Zimmerdecken versteckt war.

Normalerweise waren die Gespräche, die sie führten, ein Austausch ungeahnter Freuden und Melodien der Dankbarkeit. Doch beim letzten Mal, als ich ihnen zugehört habe, hat mein Mann etwas Cleveres gesagt. Mrs. Greed war seltsam einnehmend, sagte, dass sie sich manchmal wünschte, die beiden hätten »gewartet«. Mein Mann sagte ihr, sie könnten immer noch warten – einen Tag, eine Woche, einen Monat – »Es wäre halt nur nicht das *erste* Mal«, sagte er.

Wie sie gelacht hat.

Ich sagte mir selbst: »Ich bin ein besserer Mensch!« Ich bin eine Logopädin, die mit Kindern arbeitet. Eltern sagen mir, dass ich ihr Leben verändert habe. Aber Männer interessieren sich nicht für einen besseren Menschen. Tugenden kann man nicht fotografieren.

Ich habe die Sammlung mit Fotos gefunden, die er versucht hatte zu verstecken. Mir gefiel, dass die Fotos, die sie ihm von sich mitgebracht hatte, alles Fotos von früher waren. Jahrzehnte her. Sie trägt altmodische Badeanzüge auf Segelbooten mit Inseln im verschwommenen Hintergrund. Sie sollte wissen, dass die Fotos von mir, die mein Mann selbst gemacht hat, in diesem Bett gemacht wurden.

Gemeinsam waren sie angstfrei, dachte ich, so sehr, dass sie ihm sagte, er solle mich zum Abendessen bei ihr zu Hause mitbringen. In Gegenwart ihres Ehemannes. Das war nun wirklich die erstaunlichste Sache, die ich mir auf Tape wieder und wieder anhörte. Kurz vor dem gemeinsamen Abend sagte sie ihm, dass sie nicht mit uns beiden ins Bett gehen würde. Mein Mann war derjenige, der es vorgeschlagen hatte. Ganz so, als hätten wir darüber gesprochen, als wäre es etwas, das ich gewollt hätte. Ich hörte sie sagen: »Ich muss die Königin sein.« Ich sah sie das sagen.

Sie würde nicht mit uns ins Bett gehen, aber sie würde Gastgeberin für ein Dinner bei ihr zu Hause spielen.

Ich sah in meinen Schrank, als würde ich vielleicht tatsächlich gehen. Was zieht man zu einer solchen Gelegenheit an? Das Korsettkleid? Etwas mit freier Schulter? Etwas, das mich älter wirken lässt? Es gab aber kein Kleid, das ich zu diesem Dinner hätte tragen können. Das Kleid müsste dabei zu viel leisten. Es müsste sagen: Ich bin die sexy Ehefrau, und ich werde Dich überdauern. Es müsste sagen: Du bist keine Gefahr für mein Glück, und ich werde Dich überleben.

—•—

Die Straße herunter von unserem Haus aus wartete ein Wagen auf Mrs. Greed. Ich wusste das, weil ich zuvor schon mal bemerkt hatte, dass ein Fahrer sie zu meinem Mann fuhr, wenn ich Kunden in der Stadt traf. Gab es eine Bar im Hinterteil des Wagens? Ich konnte es nicht erkennen – die Fenster waren getönt. Vielleicht würde sie normalerweise nicht trinken, da dort aber ein Dekanter mit Scotch war und sie in der Abenddämmerung eine Weile gefahren wurde, hat sie sich vielleicht ein Glas eingegossen und auf ihr großes Glück angestoßen?

Dieser letzte Gedanke beruhigte mich. Wie war es möglich, dass es sich normal für mich anfühlte, sie mir vorzustellen, wie sie nach einem wilden Nachmittag mit meinem Mann nach Hause gefahren wird? Ich nehme an, es hängt davon ab, woran man gewöhnt ist. Ich kannte mal einen Mann, der das Boot Camp der Armee »ergreifend« fand, die Aufmerksamkeit, die er vom Ausbilder bekam, die Art, wie die Armee ihn täglich ernährte. Es tröstete ihn zu wissen, wie jeder Tag verlaufen würde.

Ich hatte das Gefühl, dass es keinen Ausgleich dafür geben konnte, von meinem Mann getrennt zu sein. Nicht für mich und nicht für sie.

Ich wusste, dass ich auf *ihn* wütend sein sollte, nicht auf sie. Sie war nicht die Erste. Sie war die Erste, die er nicht aufgab. Aber ich konnte die Gefühle nicht in die richtige Richtung lenken. Ich dachte sogar, dass sie zu töten, jene Form sein könnte, die meine Selbstzerstörung annehmen würde. Ich musste dieses Risiko eingehen. Eine Weile lang versuchte ich kalt zu bleiben, wenn ich an ihn dachte, wenn ich an sie dachte. Aber da war eine enorme Hitze und ein Reichtum in dem, was ich mir vorstellte, und das erinnerte mich an die Male, da ich als Letzte einen Ort bereiste, den meine Freunde schon gesehen hatten. Wenn man etwas entdeckt, nachdem andere es schon lange wissen, ist da eine rauschhafte Zufriedenheit, die einsetzt.

Was ich in den Aufnahmen danach hörte: ihre Zufriedenheit, ihre Gespräche waren von einer Art, wie wir sie nicht hatten. Als ich sie auf dem Video ansah, dachte ich: Was, wenn ich genau das tue, was ich tun sollte? Und dann dachte ich: Das tue ich.

———•———

Die Jungs sagten, dass sie mir ein Zeichen geben würden.

Es war gut angelegtes Geld. Mit dem, was ich dadurch eingespart hatte, nicht in Farbe filmen zu müssen und wissend, dass ich die übliche Garantie von zwei Jahren nicht brauchte, hatte ich genug, um die brutalen Teenager zu bezahlen, mit denen der Sohn eines Kunden abhing. Der Junge mit dem Stottern hatte angedeutet, dass er G-g-g-eld brauchte. Ich werde ihnen sogar einen Bonus zahlen – ich überlasse ihnen die Überwachungskamera, die im Buch versteckt ist, sobald sie mir die letzte Aufnahme schicken.

Mrs. Greed lebt nicht so weit entfernt, als dass ich die Sirene des Krankenwagens verpassen könnte.

Und was mache ich jetzt daraus? Die Äpfel, die mein Mann »gekauft« hat, die grünen vom italienischen Markt, der keine grünen Äpfel im Angebot hat – ich aß einen auf den Stufen unseres Hauses und warf das Gehäuse in das Schattengrün. Am nächsten Morgen lag das Gehäuse, das ich fortgeworfen hatte, auf der obersten Stufe, auf der ich gesessen hatte, als ich den Apfel aß. Ich warf es erneut und diesmal weiter fort, sodass es in den Kiefernnadeln auf der Straße vor unserem Haus landete. Am folgenden Morgen, heute, befand sich das Gehäuse erneut an der Stelle auf der obersten Stufe.

Jungs.

Ich dachte: Schauen wir mal, was als Nächstes geschieht.

Wir haben noch so viele Äpfel übrig.

Fort Bedd

*D*as zweite »d« ist stumm.

Darauf hatten wir uns geeinigt, wenn auch auf sonst nicht viel.

Als in einem abgedunkelten Appartement auf der Westseite des Parks die Dinge schief gingen, dachte ich an Bäume. Ich wollte Flieder und Kastanien, einen Birnbaum. Hartriegel und Silberahorn. Eine Rotbuche, so alt, dass die um sie errichtete Bank gesplittert und grau geworden ist. Bäume schlagen Wurzeln, und ich dachte, das könnte ich auch – wenn ich genügend Bäume hätte, von denen ich lernen könnte.

»Du musst mir sagen«, sagte er, »wenn ich anfange, verrücktes Zeug zu reden. Wenn ich was Verrücktes tue, musst du es mir sagen«, sagte er.

Er war unheilbar; Alter kann man nicht heilen. Wir klammerten uns aneinander, um Sicherheit zu finden, an dem einzig sicheren Ort, den wir kannten. Im dunklen hinteren Schlafzimmer, Fort Bedd, die Temperatur der Haut und der Luft, richteten wir uns auf Federkernkissen auf und die Wagen im Kreis, doch auch die Wagen waren Kissen, weshalb sich die Grenzen von Fort Bedd mit jeder unserer Bewegungen verschoben.

Die dunkle Wohnung raschelte im Dunkel, und auch am Tag war es dunkel.

Licht wäre hereingekommen, wenn die Vorhänge geöffnet wären. Doch da es seine Vorhänge waren, war es an ihm, sie zu öffnen, und er entschied sich, sie geschlossen zu halten.

Manchmal, wenn wir die Kissen heruntergetreten hatten und er schlief, ging ich zum Fenster und riss die Vorhänge auf, so wie ein Amateurtaucher zu rasch aufsteigen kann: Bläschen im Blut, Schmerzen in den Gelenken und schließlich die Überdruckkammer namens Fort Bedd.

Wenn wir das durchstehen wollten, würde ich Bäume brauchen. Am folgenden Tag oder an irgendeinem Tag würde ich mich entfernen und zu einer Gärtnerei fahren können, einen Baum aussuchen – an den Wurzeln umbunden und umwunden –, ihn in meinen Wagen tragen und ihn an den Rand eines Feldes fahren, wo mich niemand mit der Schaufel, die ich mithaben würde, graben sehen konnte. Ich könnte den Baum, den ich gepflanzt hatte, besuchen, ihm Wasser geben, falls er Wasser brauchte. Wenn Hartriegel diese Saison vom Baumfraß befallen würden, könnte ich stattdessen eine Serbische Fichte pflanzen.

Windschutz pflanzen, Wälder, einen Forst, eine Schlucht.

Vier Anrufe in der letzten halben Stunde

*D*ie entspannte Vehemenz, der Anschein unverbind-
licher Nähe, dieses Gefühl, das sie erzeugen, gerade
Zeit mit Dir verbracht zu haben, obwohl sie schon eine ganze
Weile keine Zeit mehr mit Dir verbracht haben; dass sie gerade ein laufendes Gespräch fortsetzen, das ihr eigentlich
nicht geführt habt, das eigentlich recht dramatisch abge-
brochen wurde, durch endgültige Aussagen beider Partei-
en. Sie wissen das, ganz bestimmt, aber vielleicht sind sie
so einsam, dass es sie nicht kümmert – und so großspurig,
dass sie glauben, wenn es sie nicht kümmert, dann kümmert es Dich auch nicht. Entweder das oder sie bewohnen
eine andere Dimension, eine Dimension, von der Du einst
dachtest, dass Du auch darin leben könntest. Nimm mich
einfach dahin mit. Bring mir einfach die Regeln bei. Du be-
wunderst sie dafür, hundert Prozent von etwas zu haben, von
dem Du nur fünfundsechzig hast, siehst aber, dass die meisten Menschen noch weniger davon haben, was der Grund
dafür ist, dass sie Dich nicht sonderlich interessieren. Wenn
die hundert Prozent, auf die Du so fixiert bist, einen Teil
ihrer Ausstattung opfern würden und Du etwas davon zu
Deiner hinzufügen könntest, wärt ihr beide bei formidablen
neunzig Prozent – annähernd gleichsam erhaben –, denn ihr
wärt weiter als durchschnittliche Leute sich je erträumen könnten. Ihr hättet es geschafft. Das alles beherrschende Paar in
einem privaten Kosmos, der der beste kleine Privatkosmos
überhaupt wäre, weil er vollständig euch gehörte, ganz euch,

und der Humor im Inneren wäre ganz der eure, wie auch der Sex, die Gespräche, das Alles. Doch der eine mit den hundert Prozent geht keine Kompromisse ein, und bald gibt der ehrgeizige Lehrling einfach auf, verfolgt von Bildern, was hätte sein können, wenn der andere nur flexibel gewesen wäre. Was er nicht sein kann, weil er unflexibel ist und es nicht sein muss, weil er das Gefühl hat, bereits alles zu haben und nicht einsam wird, so wie wir es werden, wozu also Selbstgenügsamkeit gegen Gesellschaft eintauschen. Ihm wird aber manchmal ein wenig langweilig, insbesondere in kalten Nächten am Wochenende. Also greift er zum Telefon, um eine anzurufen, die er zurückgewiesen hat. Er greift erneut zum Telefon.

Der richtige Griff

*E*in paar Tage nach dem Angriff geschah es, dass die Frau des Fremden, der mich angegriffen hatte, anrief. Sie wollte wissen, ob ich es mit ihrem Mann ernst meinte. Sie sagte, er habe ihr gesagt, dass er eine Affäre mit mir habe. Sie sagte, sie hatte meine Nummer vom Studierendenwerk.

»Ihr Ehemann ist in meine Wohnung eingebrochen«, sagte ich in dem ungerührten Ton, der mich bis hierher getragen hatte. »Er hat mich mit einem Messer bedroht.«

»Hat er es benutzt?«, fragte seine Frau.

»Er hat es benutzt, um mich zu bedrohen«, sagte ich.

»Weil er es schon mal bei mir benutzt hat«, sagte sie im Plauderton. »Ich habe eine Narbe auf der Stirn, die aussieht wie ein Viertelmond.

Wie sehen Sie aus?«, fragte sie.

Ich sagte es ihr! Ich spielte mein Aussehen herunter, aber nicht so sehr, dass sie annehmen musste, dass ich es tat.

»Sie könnten da gerade auch mich beschreiben«, sagte sie und klang erfreut.

Sie sagte, »Ich glaube, ich rufe Sie an, um mir darüber klarzuwerden, ob ich bleiben und es nochmal mit ihm versuchen soll.«

Ich sagte ihr, dass ich ihr unmöglich Ratschläge geben könnte und gab ihr stattdessen die Nummer eines Frauenhauses, für den Fall, dass er ihr nochmal Probleme machte. Ich erinnerte sie daran, was ihr Ehemann mir angetan hatte.

Sie sagte, »Würden Sie dennoch mit mir mal zu Mittag essen? Ich lade Sie ein.«

Ich sagte ihr, dass ich nächste Woche umziehen würde. Als ich das sagte, meinte ich es.

Ich legte auf und suchte nach der neuen Leine meines Hundes.

Der Anruf, den ich vor jenem der Frau des Angreifers bekam, war von einer Freundin, die am Vortag über eine hervorstehende Baumwurzel gestolpert war, stürzte und sich dabei ihren Knöchel brach.

Das war im Wald in der Nähe ihres Hauses geschehen, sagte sie. Sie erzählte, dass sie ihren Retriever von der Leine genommen hatte und ihn losschickte, um Hilfe zu holen. Der Hund kam mit einem Nachbarn zurück, der mit seinem Handy einen Krankenwagen rief.

Ich sagte ihr, dass mein Hund dasselbe für mich getan hätte, allerdings erst, nachdem er ein paar Mülltonnen umgestoßen und versucht gehabt hätte, Sex zu haben.

Ich war schockiert über meinen Impuls, die Rettungsaktion ins Lächerliche zu ziehen. Aber Rettung an sich hat etwas sehr Bequemes. Doch wäre ich nicht verschont geblieben, wenn der Mann, der mich angegriffen hatte, gezwungen gewesen wäre, das Messer fallen zu lassen, weil mein Hund bei mir war und ihn zu Boden geworfen hätte?

Ich habe die neue Leine gefunden und machte mich auf den Weg, meinen Hund auszuführen. Beim richtigen Griff geht der rechte Daumen durch die Schlaufe im Leder, bevor die rechte Hand sich darüberlegt, um die zusätzliche Länge zu umklammern. Das gewährleistet maximale Kontrolle und soll den Einsatz der linken Hand überflüssig machen. Der richtige Griff bewirkt, dass der Farbstoff des Leders in die Falten der Hand abfärbt. Es stärkt die Hand, wenn man eine Faust formt, für den Fall, dass das sprichwörtliche Pendel verdammt nochmal zurückschwingt.

Der Tisch danach

*W*ir waren alle angetan von dem Wodka Fizz, der mit Holunder und Basilikum gemixt wurde, also blieben wir dabei und bestellten den rohen Grünkohlsalat mit alten Tomatensorten an Halloumi-Medaillons. Diese waren solcherart, dass wir die Jakobsmuscheln bestellten und dann Crème Brûlée mit geeister Schokolade. Wir hatten früher erscheinen und uns draußen an einen Tisch setzen müssen, um überhaupt etwas bestellen zu können, als wir also mit dem Abendessen fertig waren, war die Sonne noch immer durch die Bäume in der Nähe der Bucht auszumachen. Am Tag zuvor hatte es den ganzen Tag geregnet, also waren wir zufrieden, in unseren Stühlen sitzen zu bleiben und die Düfte aus dem gut gepflegten Garten zu genießen, der die Lodge umgab.

Bob hatte uns, als er starb, das Versprechen abgenommen, dass wir dort ohne ihn zu Abend essen würden, genauso wie er seiner Frau gesagt hatte, sie solle dem gemeinsamen Haus einen Sommergarten hinzufügen, damit es einen Raum geben würde, der nicht mit Erinnerungen an ihn gefüllt war.

Wir hatten bereits die letzte Fähre zum Festland verpasst. Wir mussten nirgendwo sein. Ein Pärchen sprach unsere Kellnerin an, um einen Tisch zu bekommen. Sie sagte ihnen, dass der Tisch danach auch bereits belegt sei. Wir hätten unsere Stühle freigeben und unsere Rechnung zahlen können. Aber wir sagten unserer Kellnerin, dass wir nochmal von vorn beginnen wollten. Dann haben wir weitere Getränke bestellt und später den Kabeljau.

Mondregenbogen

*A*ndere Menschen kommen mit Mord davon, aber ich komme nicht mal damit durch, im Bett ein Glas Wasser zu trinken. Ich werde mit meinem Hund die Seiten tauschen, der sowieso nicht spürt, was ich vergossen habe.

Von dieser Seite des Bettes aus sehe ich den Mond durch das Fenster. Es ist ein Vollmond mit ... einem Zusatz. Ich habe davon gehört, aber nicht in Upstate New York – in Afrika, wo der Dunst der Victoriafälle in einer Vollmondnacht einen Regenbogen hervorbringen kann, einen weißen – einen Mondregenbogen. Es gibt Menschen, die buchen Fernreisen, um das sehen zu können.

Ich gehe nach unten und hinaus in den kleinen Hinterhof. Wer sieht das sonst noch? Und dann sehe ich, wer noch: ein kleiner brauner Bär, vielleicht ist er auch schwarz. Ich erstarre und versuche nicht allzu ängstlich auszusehen, weil das der Moment ist, in dem sie angreifen, wie mir gesagt wurde. Ein Bär bewegt sich ruhig vom Nachbarhof in den meinen. Er schaut hinauf zum Mond: Wir schauen ihn gemeinsam an. Der Bär saust zu Boden und richtet sich wieder auf mit einem Ball zwischen den Pfoten. Er gehörte meinem Hund, dem anderen, der im Vormonat gestorben war. Der Bär sieht die Wasserschüssel des Hundes, die ich aus Gewohnheit oder Hoffnung weiter befüllte, und er bedient sich und trinkt daraus. Er wickelt sich in das Seil der alten Kabelleine. Er schlägt nach dem bevorzugten Plüschtier des verstorbenen Hundes, ein durchnässtes, verfilztes Lamm, dessen Quietscher herausgerissen worden war.

Der Bär rollt sich auf seinen Rücken unter den verstörend weißen Regenbogen, seine Tatzen wie jene einer anderen Kreatur, die ich kannte. »Logan?«, frage ich und gehe einen Schritt näher. »Alles gut.«

Ich erzähle ihm, was geschehen ist, seit ich ihn verloren habe und versichere ihm, dass ich mit seinem Abschiedsbiss einverstanden war, dieser fürchterliche Lieferbote, der es verdient hatte. Ich erzähle ihm, dass das Deli zum Verkauf steht, dass noch ein Antiquitätenladen eröffnet wurde, dass ich meine Frisur hasste, dass ich nichts weggeschmissen hatte, dass das Wasser in der Küche einen metallischen Nachgeschmack entwickelt hat.

Und dann geht der Bär fort. Auf seinen Tatzen, und als er sich in den hinteren Teil des Hofs bewegt, hält er an der alten Reifenschaukel. Ich nehme an, dass er seine Tatzen durch den Reifen stecken und Richtung Mond drücken wird, aber dann sehe ich, dass er das Seil zwischen den Zähnen hat. Er kaut darauf und schüttelt seinen Kopf, bis er das Seil durchgebissen hat und der Reifen zu Boden fällt, von wo der Bär ihn sich aus dem Weg tritt, während er in den Wald stürmt.

Äquivalent

*D*er Vorbesitzer hätte die Tür reparieren müssen. Stattdessen hinterließ er einen Poolreinigungs-Roboter. Er sagte, das sei das Äquivalent zur Reparatur der Tür, wobei das Haus über keinen Pool verfügte. Es hatte mal einen Pool gegeben, aber genutzt hatte ihn die Frau des Verkäufers, sie war von beiden die Schwimmerin gewesen, und als sie vor vier Jahren starb, hatte er den Pool zugeschüttet.

Bei Vertragsabschluss hob der Anwalt der Käuferin hervor, dass die Reparatur der Tür eine vertragliche Verpflichtung sei. Sie holte den Vertrag hervor und zeigte ihm die Stelle. Er sagte, man müsse lediglich eine Randleiste anbringen. Die Käuferin wollte das Haus, also wussten beide Seiten, dass sie diejenige war, die nachgeben würde.

Alle paar Monate kam der Verkäufer unangekündigt vorbei, um etwas zu holen, das er zurückgelassen hatte: ein Wandtelefon im Wohnzimmer, eine Kanuhalterung aus dem Schuppen. Die Käuferin erlaubte ihm, mitzunehmen, was er wollte, und bat ihn um Hilfe bei einer lästigen Aufgabe. Sie bat ihn, den Rasenmäher auf die Seite zu legen, um das Öl ablaufen zu lassen. Und den Radon-Ventilator im Keller nochmal zu prüfen. Jeder Gefallen, um den sie bat, verlängerte den Zeitraum bis zum nächsten Besuch des Verkäufers. Das Unkraut im Garten – die Käuferin setzte darauf, dass das ausreichen würde, um den Verkäufer davon abzuhalten, zurückzukehren, um die Kindertafel in dem Schlafzimmer im Obergeschoss abzuholen, der Name des Kindes durch Tiere gebildet, die in den Holzrahmen eingeschnitzt waren.

Der Ruhewagen

*D*as erinnert mich an den Moment, als ich wusste, dass eine Romanze vorbei war. Ich hatte den Typ schon eine Weile nicht gesehen, aber er schlug vor, dass wir uns am Bahnhof treffen und mit dem Acela-Express von Amtrak irgendwohin fahren, also dachte ich, dass wir mehrere Stunden Zeit haben würden, um zu reden und einander auf den neusten Stand zu bringen. Am Bahnhof dann stiegen wir ein und er führte mich zu unseren Sitzen im Ruhewagen.

Ich war froh, das auseinanderfallende Haus für den Sommer gemietet zu haben. Es befand sich eine Fahrradfahrt vom Strand entfernt, und der Eigentümer hat mich das Schlafzimmer in einem gräulichen Grün aus der Benjamin Moore Serenity Collection streichen lassen. Die Böden waren sandig, noch bevor ich am Strand gewesen bin. Es gab keinen Pool, aber ich würde vielleicht trotzdem noch das Gummifloß kaufen, das eine riesige Wassermelonenscheibe aus Vinyl ist.

Die Winterflüchtlinge sind ab diesem Ferienwochenende wieder zurück, nicht dass sie es wären, die M80-Böller durch die Gegend werfen. Der Präsident will uns weismachen, dass diejenigen, die M80-Böller werfen, Mitglieder von MS-13 sind; angeblich ist dieses kleine Nest ihre Basis. Aber ich bin seit fast einem Jahr hier und habe niemand Bedrohlichen gesehen. Ich bin die Fast-Rentnerin, die im Winter nicht in den Süden zieht. Auf dem Sims habe ich, obwohl der Kamin nicht funktioniert, das Einweihungsgeschenk eines

Freundes aufgestellt: ein kleines Gemälde von einem brennenden Haus. Es ist ein gutes Gemälde.

Das ist schon gehobenes Camping hier, mit einem Kühlschrank, der Lebensmittel so schnell einfriert wie das Gefrierfach. Er kann nicht repariert werden, sagte der Reparateur, der es vier Mal versucht und sich dann geweigert hat, mein Geld anzunehmen. Mein Bruder, dem eine Bäckerei in der Stadt gehört, wird nächste Woche anlässlich einer Tagung zu Besuch kommen. Ich habe herausgefunden, dass das Gemüsefach der einzige Bereich des Kühlschranks ist, der kühlt, statt zu frieren, daher werde ich ihm empfehlen, seine Butter und Sahne dort aufzubewahren. Er wird das fehlerhafte Gerät anschauen und mich fragen, ob ich daran gedacht hatte, »den Adapter für das RL247 durch den Omega-Konduktor oder das AcuRite-Barometer« laufen zu lassen. Es ist ein Running Gag zwischen uns, dass er die Arbeit eines Elektrikers verstünde. Und ich werde antworten: »Ja, Ersteres.«

An diesem Ferienwochenende findet ein großer Sonderverkauf von Küchengeräten bei Home Depot statt. Ich schneide die Anzeige aus dem Prospekt und schicke sie dem Eigentümer des Hauses. Ich habe ein paar Päckchen Wildblumen- und Zinniensamen gekauft und sie um das zerfallende Haus ausgestreut. Vielleicht wird der Regen, den wir heute Nacht erwarten dürfen, etwas damit anfangen.

Gestern wurde dort, wo jemand einen von Katzen zerkratzten Ledersessel auf dem von Unkraut bewucherten, leeren Grundstück um die Ecke abgeladen hatte, ein älterer Mann gefunden, der auf dem Sessel saß und still und leise verwirrt war. Der Sessel sah aus wie ein Sitz in einem Waggon in einem Amtrak-Zug. Der Mann schien nicht zu wissen, wo er war oder wie er dort hingekommen ist, aber er war nicht verängstigt, nur still. Er war in der Lage, die E-Mail-Adresse seines Sohnes und die zahlreichen Erfolge seines Sohnes der Polizei gegenüber anzugeben, die jemand angerufen hatte, um zu helfen. Sie waren freundlich, als sie den Sohn des Mannes in einem anderen Bundesstaat kontaktierten. Aber das wird nicht gut verlaufen, dachte ich, und entschied mich, die Geschichte nicht weiterzuverfolgen.

Wolkenland

Und die Kinder im Apfelbaum
Nicht bekannt, weil nicht gesucht …

T. S. Eliot, »Vier Quartette«

*I*ch erinnere mich, dass ich dachte: Es wird nie eine Zeit kommen, da ich nicht mehr daran denken werde. Und ich hatte Recht. Und ich hatte Unrecht.

———•———

Die Einheimischen sagen, dass man in Florida gen Norden gehen muss, um im Süden zu sein. Es ist Januar und 23 Grad und im Garten stehen Zitrusbäume. Morgen werde ich pfundweise Kumquats von einem dieser Bäume pflücken und Marmelade nach einem Rezept kochen, das mich einen 20-Liter-Topf besorgen lässt und eine Zange, um die sterilisierten Gläser aus dem kochenden Wasser zu holen, und noch ein weiteres Werkzeug, um die Deckel auf die Gläser zu schrauben. Das nur, falls das Pektin seine Aufgabe erfüllt und die zerkleinerten Kumquats sich mit ihm binden, ohne Klumpen zu bilden. Ich weiß jetzt schon, dass etwas so Banales wie ein längerer Stopp an einer roten Ampel auf dem Weg zum »Kulinarische Kunst«-Laden, um das oben Genannte zu kaufen, genügen wird, mich zum Umkehren zu bewegen und die Kumquats als bunte Punkte an ihrem opulenten Baum zu bewundern, aber niemals mehr einen Schritt näher zu gehen, um sie zu pflücken.

Niemand erwartet von mir, etwas Derartiges zu tun. Gibt es nicht ganze Geschäfte, die sich dem alleinigen Verkauf von Marmelade verschrieben haben? Ganze Einkaufspassagen voll von Marmelade, und nicht nur aus diesem Land? Ich dachte, es würde Spaß machen, ein paar Leute zu überraschen. Obwohl es andere Möglichkeiten gibt, um Menschen zu überraschen und es vielleicht eine bessere Idee ist, überhaupt niemanden zu überraschen. Ich weiß, dass ich alle Überraschungen erlebt habe, die ich ertragen kann.

»Frohes Neues Jahr«, rufen die Leute überall, wo man hinkommt.

Sicher, ich werde mitspielen: »Frohes Neues Jahr«, rufe ich zurück.

Hatte das letzte Jahr geendet?

Was, wenn Du jemand bist, der nicht weiß, wann etwas vorbei ist? Was, wenn Du als letzte übrig bleibst, nachdem die anderen das Konzert verlassen haben, das Theater, die verbrechensverwirrte Stadt, die aufgeflogene Affäre? Was, wenn Du nach einem Zeichen Ausschau hältst und ein solches Zeichen nicht kommt? Oder es kommt ein Zeichen und Du verpasst es. Was, wenn Du allein eine Entscheidung treffen musst und es sich anfühlt wie ein schwerer Schlag gegen den Körper, bei dem Du auf Dich selbst zurückfällst.

Mit zwei bis drei Tagen Arbeit in der Woche komme ich zurecht, und es sind nicht einmal ganze Tage dort. Es gibt keine Einkommenssteuer in Florida, Wohnkosten sind niedrig und nach einem vierwöchigen Kurs erhielt ich ein Zertifikat, das es mir erlaubte, bei einer Agentur anzuheuern, die mich in private Haushalte und »Seniorenwohnungen« schickt, wo ich als häusliche Gesundheitshilfe ohne Krankenschwester-Registrierung die Körper von Leuten waschen und ihnen beim Anziehen helfen kann; ich kann Fieber messen und eine Bandage um einen Arm legen – erst sitzend, dann stehend –, um den Blutdruck abzulesen. Ich kaufe ein, mache die Wäsche, wärme die Suppe auf und mache ein überbackenes Käsesandwich. Keine Gefahr, dass der Bademantelärmel eines Patienten die Flamme eines Gasherds streift. Wenn der Patient eines hat, dann kann ich dem Familienmitglied, das Besuche macht, zeigen, wie er seinen Verwandten so umbettet, dass es den Rücken nicht anstrengt. Ich mache mir Notizen, wenn ich etwas Neues bei einem Patienten bemerke. Da ich weder Diagnosen stellen noch Medikamente verschreiben darf, kann ich zumindest klare Beschreibungen dessen anfertigen, was ich sehe und was vorher nicht da war. Das ist die ganze Verantwortung, die man von mir verlangen kann. Es ist keine große Sache; es liegt Würde in der Arbeit.

Eine zuverlässige Frau kann tun, wozu sie sich verpflichtet hat. So, wie ich es in meiner quasi-professionellen Pflege tue. Ich bin eine gute Zuhörerin, sagt man mir, also werde ich wieder angefragt; die Agentur ist froh über meinen guten Leumund. Ich finde die Arbeit leicht und angenehm, es sei denn, jemand mit einer Frontallappenverletzung wird gewalttätig.

Es geht um Mr. Davis, einen Achtzigjährigen, der gerade erst in eine betreute Wohneinrichtung gezogen ist, nachdem er mit einem Freund auf einer Alaska-Kreuzfahrt gewesen war. Kurz vor der Pleite stehend hat er auf dem Schiff einen Kredit aufgenommen, um einen Diamantring zu kaufen, mit dem er um die Hand der Frau des Kapitäns anhielt. Er fühlt sich noch immer missverstanden: »Jede mag es, wenn man mit ihr flirtet«, beharrt er jedes Mal, wenn ich ihn besuche.

Ich könnte mit diesem Gehalt nicht außerhalb von Florida leben. Was der hauptsächliche Grund ist, warum ich von New York hierhergezogen bin. Zu jung für den Ruhestand verließ ich den Beruf als Englischlehrerin an einer High School – einer guten, privaten High School für Mädchen in Manhattan – als Anklage gegen den Ehrgeiz. So zumindest erzähle ich es. Alle diese Frauen durchbrechen gläserne Decken und ich fand eine, die fest an Ort und Stelle blieb. Ich will damit nicht sagen, dass es keine wertvolle Tätigkeit ist, älteren Menschen im Alltag zu helfen. Aber für mich war es keine Berufung; es war ein Standardjob, etwas, das ich notgedrungen erlernen konnte und das mich kaum durchbrachte, nachdem ich mich fühlte, als wäre ich in einen Hinterhalt gelockt worden, obwohl das, was geschah, ganz allein mein Fehler war; ich war vom Weg abgekommen.

Man warnt Eltern davor, Freunde ihrer Kinder zu werden. Sie sollen Eltern sein und unbeliebte Entscheidungen zum Wohle ihres Kindes treffen. Aber davor werden Lehrer nicht gewarnt und ich war mit vielen meiner Schülerinnen befreundet. Als ich einige von ihnen zum Tee in meine Wohnung einlud und eine von ihnen Kokain hervorzog und ich ein winziges Bisschen mit ihnen nahm, da verübelte ich es dem Mädchen nicht, das dies der Direktorin berichtete. Es wurde mir gestattet zu gehen, ohne dass eine Anzeige bei der Polizei erstattet wurde, aber es gab keine Empfehlung, falls ich woanders wieder unterrichten wollte.

Ich ging ohne Aufhebens, zog in einen anderen Bundesstaat. Ich wollte immer noch von Nutzen sein, daher die vierwöchige Vorbereitung auf den Job, den ich jetzt mache, ohne Interesse an Beförderung. Ich fuhr in meinem alten Toyota Camry nach Florida, an dem immer noch der alte Aufkleber pappte, den ich vor langer Zeit dort angebracht hatte: ICH BREMSE WIE EIN KLEINES MÄDCHEN.

Die Schule, an der ich außergewöhnlich kluge Mädchen unterrichtet hatte, war in der Lage gewesen, ernsthafte Schriftsteller zu bezahlen, damit sie kamen und mit ihnen redeten, ihnen vorlasen und ihre Fragen beantworteten. Während der zwanzig Jahre, die ich dort unterrichtete (mein erster Job nach der Doktorarbeit), richtete ich mich in der Gesellschaft kreativer Menschen ein; ich fragte sie, was ich lesen solle und wie ich den Horizont dessen erweitern könne, was vorhanden war bei einer Person mit Neugier und einem Bedürfnis – zu dieser Zeit – mehr zu sein, als sie war. Viele waren sehr dankbar.

—•—

Ich muss kurzfristig jedes zweite Wochenende verfügbar sein, an denen die Kräfte mit mehr Seniorität einen weniger intensiven Arbeitsplan wählen können. Das stellt kein Problem dar. Ich muss der Agentur dreißig Stunden die Woche geben. Als Ausgleich dafür, dass ich mich dazu verpflichtet habe, waren meine vier Wochen Ausbildung umsonst; irgendein Regierungsprogramm hatte die Kosten übernommen.

Meine freien Stunden, von denen es viele gibt, werden in die Pflege des Hauses investiert. Wenn ich gewusst hätte, was auf mich zukommen würde, hätte ich dieses Haus nicht gemietet – verdächtig günstig, selbst gemessen an den Standards in Nord-Florida. Die Besitzer sahen mich kommen. Sie sahen, dass ich noch nie hier gelebt hatte und daher nicht wissen würde, was normal wäre und was nicht, wenn es darum ging, ein Haus in Ordnung zu halten. Ich hatte eine weitere Minderung der Miete bekommen, nachdem ich zugestimmt hatte, den Pool anstelle der Wartungsfirma zu pflegen, die die Besitzer beschäftigt hatten. Ich wusste gar nichts. Ich sagte, klar. Ich mochte das Bananen-Land – den Bereich des schmalen Patios, der mit sandigen Bananenstauden bepflanzt und bevölkert von Schwarznattern war, bitte, lieber Gott, keine Korallenottern.

Der Nachbar von gegenüber genoss es, mir zu erzählen, dass in dem Holzstapel zwischen meinem und dem Haus nebendran eine Korallenotter aufgetaucht sei, schickte sich aber nicht an, mir zu erzählen, dass dies zwölf Jahre zuvor passiert war; ich musste es aus ihm herausquetschen. Ich konnte erkennen, dass er mir Angst machen wollte, um mir dann seine Hilfe anbieten zu können. Nachdem ich die Überschwemmung aus der Badewanne in meiner ersten Woche hier erwähnt hatte, tauchte er mit einem rostigen Rohr an meiner Tür auf – einer *Schlange*. Er wollte einen Test am Abfluss durchführen, unaufgefordert. Ich wimmelte ihn ab, indem ich sagte, dass der Klempner genau diesen Test schon gemacht hatte, obwohl ich nicht wusste, ob er es getan hatte oder nicht. Es erforderte etwas Mühe, damit der Nachbar, achtundachtzig nach eigenem Bekunden, seine Schlange wieder mitnahm.

Man sollte die Schlangen eigentlich nicht fürchten, ebenso wenig die Alligatoren, obwohl man sich von ihnen fernhalten sollte. Letztere scheinen sich zu sonnen, träge, aber sie können sich plötzlich und schnell bewegen. Sie sind Maskottchen eines Teams, einer Schule und von Wortspielen im Überfluss, wie der Spruch »Alligator vor, noch ein Tor!«

Doch ich habe nicht die Absicht, mich lustig zu machen. Ich mag es hier. Ein Freund sagte diesen Satz einmal über Kalifornien – der Running Gag, um sich über Los Angeles lustig zu machen –, aber er liebte den Ort; er war dort seine Sucht losgeworden. Ich würde sagen, dass ich hier gesünder werde, aber das mag vorschnell gesagt sein. Ich werde nicht kränker, ist vielleicht das, was ich sagen sollte. Wie heißt es in diesem alten Song – »Es mag Dir besser gehen, doch gesund wirst Du nie.« Es ist der Titel des Songs oder der Refrain. Ich habe ihn einen Mann in einer Scheune auf dem Klavier spielen hören und ein paar andere Leute kannten den Text auch.

———•———

»Wenn etwas zu gut ist, um wahr zu sein, dann ist es nicht wahr.« Aber vielleicht kannte ich dieses Sprichwort als achtzehnjähriges Mädchen noch nicht. Oder vielleicht brauchte ich etwas, das so gut war. Viele Menschen müssen etwas brauchen, das gut genug ist, um sie aus den schlimmsten Schwierigkeiten herauszuholen, in die sie sich selbst gebracht haben. Besonders, wenn diese Schwierigkeiten eine andere Person betreffen, eine, die nicht gefragt wurde.

Ein ehemaliger Kollege in der Schule sagte, dass er sich sich selbst nur ab dem Zeitpunkt als Vater vorstellen könne, wo er einem jungen Mann auf den Rücken klopft und sagt, »Das ist mein Sohn, erstes Semester in Harvard«.

Doch mit achtzehn war ich humorlos. Ich hätte das Ganze vielleicht beendet, wie so viele vor mir. Ich hatte keinen Sinn für die Heiligkeit des Lebens. Ich verurteilte niemanden, der es nicht durchschaute. Der Vater des Babys blieb bei seiner Familie. Ich liebte ihn und er liebte Frauen, sagte mir, er würde lieber eine Frau ansehen als den Grand Canyon. Also entschied ich mich, ihm nicht zu sagen, was passiert war. Manchmal vergesse ich, warum ich es nicht beendet habe. Ich denke, wenn ich keinen Platz finden konnte, an dem ich mich zu Hause fühlte, hielt ich jemanden aus, der dann zu Hause war, zumindest für diese Monate.

Ich musste dem Arzt glauben. Die Schwestern stimmten zu: Das Kind war ein Mädchen. Sie ist gesund, sagten sie und trugen sie aus dem Geburtsraum. Es war eine Szene wie vor hundert Jahren – eine junge Frau, die nicht bereit ist, das Kind zu behalten, die das Kind in einem Entbindungsheim im schändlichen Schatten von einst bekommt. Die Mutter durfte den gewickelten Säugling nicht halten, gerade erst allein gelassen in einem schweißgetränkten Bett, um ihren Atem ringend und ihre Tränen trocknend, sammelt sie ihre Kraft und verlässt das Haus ohne das Kind, verlässt die anderen Frauen, die vorhaben, das Gleiche zu tun. Und bringe nie die Namen der Leute in Erfahrung, die sie aufnehmen wollen – diese zurückgelassenen Kinder –, obwohl wir verpflichtet waren, eine Zeit lang Geld an das Heim zu schicken, um die weitere Pflege zu gewährleisten, falls sie nicht sofort in eine Familie aufgenommen wurden.

Ich hatte nie gedacht, dass das für Fantasie taugen könnte. Ich träumte nie von Szenarien, die nicht im richtigen Leben hätten stattfinden können. Stattdessen wiederholte ich Momente von früher gewesenem Glück, froh, dass ich an Freude und Zufriedenheit an einem netten Ort erinnert wurde. Der nette Ort war normalerweise ein Strand, einer mit klarem, warmem Wasser – die Karibik. Oft stelle ich mir vor, wie ich mit dem Gesicht nach unten in seichtem Wasser von der Temperatur meiner Haut treibe, meine Augen geöffnet, um den geriffelten, weißen Sand zu betrachten und nach länglichen Muscheln zu greifen, die die Farbe von Clementinen haben. Orte waren sicher heraufzubeschwören; es gab immer die Möglichkeit, zu einem verwunschenen Strand zurückzukehren. Weniger sicher, einen Menschen anzurufen, der nicht erreicht werden kann, das Erreichtwerden nicht schätzen würde und so begänne der Horror des Verlangens. Welches Wort klingt schlimmer – »Verlangen«, oder »Sehnsucht«? Ich habe sie abwechselnd benutzt, wenn sie waren, was ich spürte, und ich spürte es für lange Zeit.

Eine Fantasie über einen anderen Menschen ist aber ein Unterschied; es ist eine Art konzeptuelles Geschenk. Ich hatte mich selbst hineinbegeben: Ich war ganz tief drin, Hals-über-Kopf, als ich mir das Leben dieses Kindes vorstellte. Manchmal tageweise, jeden Tag ihres Lebens und in anderen Momenten würde ich meine Aufmerksamkeit von einer Lesung oder einem Theaterstück, selbst von einem guten, hinweggleiten lassen und einem Leben zuschauen, wie es spielte, einem Leben, dem ich nicht mehr folgen konnte, seit ich diese Entscheidung getroffen hatte, die mir besser für sie zu sein schien. Oh und besser auch für mich – keine Verblendung, dass es nicht auch besser für mich war.

Ich habe sie mir mit Tieren zusammen vorgestellt – wenn nicht auf einer Farm aufwachsend, dann an einem Ort mit

Hunden und Katzen lebend. Gesund natürlich, mit Freunden, die loyal sind und mit Eltern, die keinen Schaden anrichten. Eltern, die ihr Glück nicht fassen konnten, als sie genau *dieses* Mädchen zum Großziehen bekamen, die ihr einen Ring, der ein Familienerbstück ist, geben würden, wenn sie sechzehn wird, kein Moment des Zögerns darin, ihr den Ring zu geben.

Ich würde mir dann die Momente ins Gedächtnis rufen, die mich glücklich gemacht hatten und dann würde ich sie in diese Momente hineinsetzen und ihre Antworten auskosten, und auf diese Weise wuchs sie mit mir auf. Sie war mit mir in den Michigan-Dünen auf der Oberen Halbinsel, auf einem Motorboot auf einem Great Lake, ihr Adoptivvater machte ihr Platz, damit sie am Steuer stehen und den Knüppel nach vorn drücken konnte, um zu beschleunigen, und zurück, um langsamer zu werden. Fliegen und Moskitos waren in diesen Visionen nicht zu sehen. Ebenso Sonnenbrand, Seekrankheit und Angst vor tiefem Wasser, als das Boot vor Anker ging und die Leiter am Heck heruntergelassen wurde, zum Schwimmen rund um das Boot für diejenigen, die sich nicht vor dunklem Wasser fürchteten. Schwimmen und dann zurück an Bord kommen, um pinkfarbene Limonade zu trinken, die zu Hause in Thermoskannen gefüllt worden war. Und obwohl ich ein Kind war, das mit Schwimmwesten nichts anfangen konnte, trägt sie jedes Mal eine, wenn sie die Leiter in den See hinunterklettert.

———•———

Ich habe Witze über Dinge gehört, über die man unmöglich Witze machen kann: den Holocaust, AIDS, den Anschlag auf das World Trade Center. Sollte ich nicht mittlerweile einen Witz darüber gehört haben, was ich getan habe? Nicht, dass es diesen grauenhaften Ereignissen gleichkäme. Nur, dass der Witz, wenn ein Witz zu machen wäre, über mich gemacht würde. Er ginge auf meine Kosten. Und das zu Recht.

———◆———

In der Nacht vor einem Frost fragte ich eine Angestellte in einer Gärtnerei, welche Pflanzen sie mir empfehlen würde abzudecken. Sie erwiderte, dass sie Grapefruits und Kumquats und Meyer-Zitronen hätte und dass sie nicht vorhätte, irgendeine von ihnen abzudecken. »Frost wird sie süßer machen«, sagte sie, aber es klang, als ob sie nicht darüber nachdenken wollte. Um ihre Aussage zu testen, werde ich den Kumquatbaum in meinem Garten nicht abdecken. Es gibt zwei Arten von Menschen, sagte die Angestellte – die Menschen, die die herbe Schale abschälen und solche, die die Kumquat ganz essen. Die Schale ist doch der Punkt, denke ich.

Ich habe diesen Kumquatbaum natürlich nicht gepflanzt. Das taten die Besitzer des Hauses. Aber warum haben sie dann aufgehört? Sie hatten vier kleine Kinder, das wusste ich, und hätten diese Kinder es nicht geliebt, Orangensaft von ihrem eigenen Baum zu trinken?

Dutzende anderer Bäume auf dem Grundstück wurden ge-
stutzt, während ich zuschaute. Drei Männer von der Energieversorgungsfirma schnitten den Bambus, der an eine Strom-
leitung herangewachsen war, was ihrer Aussage nach einen
Stromausfall verursacht hatte, von dem eine Messe in einer
benachbarten Kirche betroffen wurde. Gottesdienst, meinten
sie, glaube ich; es ist eine Episkopalische Kirche. Die Männer von der Energieversorgungsfirma wussten nichts über das
Zurückschneiden von Bäumen. Sie richteten sie unnötiger-
weise übel zu, ließen stakende Zweige und gebrochene Äste
zurück, die ich aufräumen musste. Ließen weite Öffnungen in
der schützenden Hecke.

Ich habe von einem Mann in der Nähe gehört, der 10
Hektar Wald gekauft hatte und eines Morgens entdeckte, dass
die Energieversorgungsfirma eine Schneise quer durch sein
Land geschnitten hatte und ein breiter Streifen nun kahl war,
ohne dass er einen Grund dafür erkennen konnte. Er drohte
mit einer Klage und der Energieversorger sagte, machen Sie,
klagen Sie nur. An einem bestimmten Punkt, so scheint es,
muss man aufhören, sich zu bemühen und aufhören zu versuchen, das zu schützen, was ein anderer gewillt ist zu zerstören.

———————◆———————

Es ist erschöpfend, Dinge so schnell wachsen zu sehen. Zumindest, wenn man versucht, eine Trennung zwischen Natur
und Haus aufrechtzuerhalten, wenn man versucht, was nach

drauβen gehört, drauβen zu halten. Es gibt hier keine Winter-
ruhe, keinen Stillstand, während man auf den Frühling wartet und auf das Saubermachen und die sinnvolle Arbeit, die
damit einhergeht. Im Norden hatte man Blätter auf Planen
gerecht und mit der Hilfe des Nachbarn in die Wälder ge-
schleppt oder groβe, störrische, braune Pappsäcke mit ihnen
gefüllt und diese dann im Vorgarten nahe der Straβe zum Ab-
holen aufgereiht. »Puh, ich bin vollgepackt!« steht auf diesen
Säcken, die viele Baumärkte auf Lager halten.

In einigen Gegenden hier wechseln sich die Leute in den
Straβen, wo es ein verlassenes Haus gibt, damit ab, den Rasen
dort im Garten zu mähen.

Der schönste Garten, den ich je hatte, lag nahe einem
Strand am östlichen Ende von Long Island. Ich hatte das
Haus mit drei Freunden über den Sommer gemietet. Wir lie-
βen den Garten hinter dem Haus in Ruhe und ab August war
das lange Gras von den Winden verwirbelt und von Rehen,
die sich in den wie ein Muster verteilten Kuhlen niederlegen,
die von oben noch viel besser zu sehen sein müssen, von Touristen in Segelflugzeugen oder Heiβluftballons, oder von einem Piloten, der die Maschine drosselt, um ein Kleinflugzeug
auf der Landebahn der nächsten Kleinstadt zu landen.

———————•———————

Ich bin ausgeruht genug, um für andere die Quelle von Gefallen zu sein – einer Kleidersammlung Kleider zu spenden, den

Hund eines Patienten zum Schwimmen in einen Hundepark mitzunehmen, den Sand vom Trittweg zur Eingangstür zu kehren. Letzteres wird dem Nachbarn gefallen, der vorbeiradelt, um die Hühnchengerichte des Lions Club zu verkaufen. Ich weise ihn auf die Verbesserungen der Dienstbarkeit hin, falls er sie nicht bemerkt hat, denn manchmal fährt er erst nach Einbruch der Dunkelheit vorbei.

Es wäre schon was, wenn sich herausstellte, dass der Lions Club das Geld Orten wie dem Seniorenheim geben würde. Aber vielleicht ist das der letzte Ort, den der Lions Club unterstützen würde. Und da ich mir nun die Mühe gemacht habe, sie zu recherchieren, sind ihre guten Werke ganz sicher im Überfluss vorhanden. Sie sammeln gebrauchte Brillen, um sie nach Bedarf zu spenden, sind eine nicht-kirchliche Serviceorganisation, sie sind groß im Katastrophenschutz bis nach Japan (Erdbebenopfer), sie pflanzen Bäume, reparieren Spielplätze, sie organisieren Gesundheitschecks und Essen auf Rädern, sie helfen Schulkindern in Uganda.

———•———

Jetzt sind die Leute überwältigt, während sie den Tod des genialen Sängers betrauern. Die Trauer wird größer gemacht, weil der Tod von Prince unerwartet kam und der Kummer mischt sich mit Freude – es gibt spontane Tributkonzerte auf der ganzen Welt und die Leute werden von Tränen überrascht und gute Taten kommen erst jetzt ans Licht, weil er seine Philanthropie nie beworben hatte. Ich habe seine CDs oft an meine Patienten verteilt; selbst diejenigen, die seine Musik schon kannten, waren nun froh, sie bei sich zu haben. Es empfiehlt sich, wählerisch zu sein mit dem, was man in seine Seele lässt, wenn man nicht mehr lange in dieser Welt ist.

———•———

»Die Gänse in V-Formation« – dies sind Joni Mitchells Worte und ich hoffe, dass das Mädchen sie sieht. In meinen Gedanken sieht sie sie immer wieder, jedes Jahr zur richtigen Zeit im Jahr. Der Klang ist natürlich Teil der Vision und Teil von Mitchells quälendem Lied »Urge for Going«. Ich habe es unzählige Male angehört. Klang ruft Sehnsucht wach, mehr als alles, was man sehen kann, und daher höre ich das so geliebte Lied nicht mehr an.

Musik: abgehakt. Parfüm: abgehakt. Kerzen: abgehakt. Samtoberteil: abgehakt. Kamin auch. Früher, früher.

Du kannst alles abschließen. Jede kleine Sache, durch die Du Dich definiert hast – Du kannst sie aufgeben und ohne sie weitermachen und eine Fassade errichten, die ein wenig Zugkraft bekommt. Du musst Deinen Blick nach außen gerichtet halten. Achte auf andere. Fall nicht auf das zurück, was darauf wartet, Dich zu besiegen. Oder *entscheide* Dich dafür, darauf zurückzufallen, mit zu den Seiten ausgestreckten Armen.

———•———

Stell Dir ein Gemälde von Wasser an einer Wand vor – das Gemälde eines Sees hängt gerahmt an der Wand eines Wohnzimmers und Wasser aus dem gemalten See kommt durch die offene Tür. Wasser tropft in eine Ecke des Raumes; es sammelt sich und breitet sich in die Mitte des Raumes aus. Das Gemälde heißt *Wasserschaden* und der Künstler hat es richtig hinbekommen. Ich wäre glücklich, dieses Gemälde jeden Tag betrachten zu können und ich kann es; es wurde in einem Buch abgebildet. Ich wäre der bessere Adressat, die Vision des Künstlers teilend.

Ein Lied mit Gänsen darin, ein Gemälde mit Wasser darin, eine Person findet Kostbarkeiten, von denen sie hofft, dass das Kind sie findet. Nicht genau dieses Lied, nicht genau dieses Gemälde, das damals noch nicht gemalt worden war, doch ein Lied, das das Kind ins Herz der Welt mitnimmt und ein Anblick, der viel von dem versammelt, was sie liebte.

———◆———

Ich sagte, dass ich das Ganze hätte beenden können, wie so viele andere. Doch ich fand meinen Weg zu einer Art verfluchtem Haus, einem altmodischen Herrenhaus in einer ländlichen Ecke von Maine, das die Leute in einem Film über ein verfluchtes Haus gegruselt hätte und das die Frauen auch tatsächlich heimsuchte, die dort für kurze Zeit lebten, so wie ich mit achtzehn. Ich war im August nach Maine gekommen, um einen Cousin zu besuchen. Auf einer Besichtigungstour fuhr ich eines Tages an einem Bauernhof vorbei, wo Bioprodukte verkauft wurden und dann an einem Lastwagen, der auf der Main Street Hummer von der Ladefläche verkaufte und ich fuhr stundenlang weiter, bis ich in eine kleine Stadt kam, die sich vertraut anfühlte, obwohl ich nicht darauf kam, warum; sie hatte irgendetwas Generisches an sich. Irgendetwas Abweisendes, aber das traf auf eine Menge Orte zu, an denen ich gewesen war. Ich parkte mein Auto an diesem schläfrigen Sommertag und nahm mir vor, so viele Häuser wie möglich anzuschauen, um zu sehen, wie die Menschen hier lebten. Ich lief in die Richtung, in der die Häuser größer wurden. Älter, besser gepflegt, abweisend, bis ich zu dem Heim kam. Selbst bei Tageslicht war es dunkel, es war nicht gebaut, um Licht nach innen zu lassen, sondern um den Stürmen des Winters zu trotzen. Der Garten – man mag sagen, der Boden – war ordentlich gehalten und einfach bepflanzt. Als ich es das erste Mal sah, wusste ich nicht, was ich sah. Wie bei einem exklusiven Club in der Stadt gab es eine Adresse, aber keinen Namen. Ich fühlte mich von dem Ort angezogen, wie ich mich einmal in England gefühlt hatte, als ich ein ähnliches Haus gesehen hatte, aber das war auf einer Tour zu nationalen historischen Gebäuden. Dieses hier war weder ein Nationalheiligtum noch ein Zuhause. Es war ein Heim für schwangere Frauen. Ich wusste noch nicht, dass ich die Dienste dieses Heims ein paar Monate später benötigen würde.

———•———

Auf dem Autokennzeichen für Maine steht seit 1936 »Ferienland«. Aber ich habe nie ein Kajak einen von Enten bevölkerten Fluss hinuntergedrängt oder einen Hummer gekocht, nie wildwachsende Blaubeeren am Straßenrand gepflückt, oder meinen Namen in ein Stück lockige Borke geschrieben. Ich habe Birkenrinde gesammelt, als ich sie im Obstgarten hinter dem Haus fand. Der Obstgarten war von Birken und einem kleinen Teich oberhalb umgrenzt. Der Wind fegte lose Borke in den Obstgarten und wäre ich damals sentimental gewesen, hätte ich vielleicht einen Namen für das Mädchen ausgesucht und ihn auf ein Stück Borke geschrieben und sie dann für immer mit mir getragen. Niemand von uns, die wir in diesem Heim gebaren, wurde hier zurückerwartet, weder um nach dem Kind zu sehen noch für einen Besuch für das, was manche Leute einen Abschluss nennen. Der Abschluss, den ich erwarten konnte, war ein Schild vor einer stillgelegten Straße oder Notfallrampe, das »Abschluss der Straßenführung« verkündete. Ich bin immer froh darüber, dass diese Straßen einen Abschluss gefunden haben.

Nicht zurückerwartet, nicht ermutigt, in Kontakt zu bleiben, stützten wir uns von den Schieferstufen des Heimeingangs und es war ein Abschied, nicht einmal ein Alles Gute. Einfach weiter.

Jahre später freundete ich mich mit den Eltern einiger der Mädchen an, die ich unterrichtete. Ein Paar, ein Maler und seine wunderschöne Frau, hatten ein altes Anglercamp an einem See gekauft, das in derselben kleinen ländlichen Stadt lag, wo das Heim gelegen hatte. Es war in der Zwischenzeit niedergebrannt, worum ich dankbar war. Das Paar hatte das Anglercamp in eine endlose Überraschung aus Studios, Galerien und Spielzimmern verwandelt, die niemand mehr verlassen wollte. Ein anderer Elternteil von der Schule lud mich in ihr riesiges Refugium von einem Haus in der Nähe ein, das auf Felszungen gebaut war, die über einen See ragten. Ein Sonnendeck erstreckte sich über die gesamte Breite des Hauses hin zur Seeseite – und man konnte herunterschauen und sah, dass man über dunklem Wasser hing.

Die Frau des Malers konnte Haare schneiden und wollte ihre Dienste zur Verfügung stellen, indem sie Obdachlosen die Haare schnitt. Sie sagte, dass sie denke, sie würden sich dann besser fühlen. Ich fand, dass das eine gute Idee war, großzügig. Doch der Maler warnte davor, er sagte, dass er es für keine gute Idee halte, eine Schere und einen Rasierer auf den Köpfen von Menschen zu verwenden, von denen einige psychisch krank oder verwirrt waren. Aber vielleicht könnte man auswählen, im Interesse der Sicherheit und der guten Arbeit. Ich glaube, dass viele von uns belogen worden sind. Ich habe mich sicher selbst belogen, von Zeit zu Zeit.

Beim letzten Mal, als ich in Maine war, bevor ich New York für Florida verließ, sah ich Touristen, die die Wildenten entlang des Flusses fotografierten. Ein junges Mädchen, vielleicht zwölf Jahre alt, machte Fotos der Entenscheiße und kicherte, während sie ihre Kamera näher hielt. Ich mochte sie sofort, ein Mädchen, das ich nicht wiedersehen würde.

Ich traf eine Frau, die sagte, dass sie ein Gefühl *von* ihrer Tochter empfing, bevor sie sie empfing. Ich war eine von denen, für die das anders lief. Ich konnte von dieser Kreatur nichts empfangen, obwohl sie sich in meinem Inneren breit machte, selbst dann nicht, als der Arzt sie einer Schwester gab und sie aus dem Raum getragen wurde. Ich war schwach von der Geburt und schwach vor Erleichterung. Der Vorgang hatte einen Preis, aber ich konnte einfach gehen.

———•———

Manchmal kann ich die Verantwortung nicht ertragen, ein Portemonnaie bei mir zu haben. Ich stecke also ein paar Dollar und einen Labello in eine Tasche meiner Jeans oder einer leichten Tuchjacke und mache mich auf den Weg zu einem Spaziergang im Botanischen Garten. Für einen Eintrittspreis, der höher als man vielleicht erwartet ausfällt, kann man die Wege entlang der beheimateten Flora gehen, alle Pflanzen sind auf kleinen Schildern bestimmt und erklärt. Das Beste dort ist der Bambusgarten, das vertraute Grün bis Ebenholzbraun und sogar blauer Bambus. Es gibt an diesem Weg eine Pflanze, die man als »Violettes Herz« kennt – und sie steht im Garten des gemieteten Hauses und ich schätze sie mehr, seit ich weiß, wie sie heißt. Es gibt Schilder, die auf Dolinen im Boden hinweisen. Keine Autos oder Wohnblocks mit wie Pfannkuchen gestapelten Apartmenthäusern auf dem Grund – diese Erdlöcher sind auf einem freien Feld entstanden, wo Besucher hinter einem kleinen hölzernen Zaun stehen und auf die Schlangen und Glattechsen herunterschauen können, die hier ihr Territorium markiert haben.

———•———

Ich habe niemandem von dem Mädchen erzählt, also weiß niemand, was ich getan habe, als sie geboren wurde. Ich habe fast »genommen« geschrieben, aber sie wurde nicht genommen, sie wurde gegeben. Ich habe sie zur Adoption gegeben. Damit sie sicher untergebracht war, für meinen Seelenfrieden.

Die Angestellten des Heims schienen nett genug, womit ich meine, dass man einer Schwester in die Augen schauen konnte, ohne sich verurteilt zu fühlen. Diejenigen von uns, die Vorbereitungen getroffen hatten, konnten früher kommen und einchecken, wie in einem Hotel und vorher so lange wie nötig bleiben, bis sie das Kind gebaren. Wir wurden nicht verwöhnt, aber auch nicht all der kleinen Nettigkeiten beraubt: Seife, die nach Lavendel duftete, frische – wenn nicht gebügelte – Bettwäsche und ein Radio am Bett, solange wir es nicht zu laut stellten. Es gab keine Schlösser an den Türen unserer Zimmer, doch das schien niemanden zu stören, zumindest nicht, als ich dort war. Im Gegensatz zu einigen anderen blieb ich nicht sehr lange. Es haftete eine Scham daran, hier zu sein, die einige von selbst empfanden, in anderen wurde sie geweckt.

Es wurden uns keine Gruppenaktivitäten aufgedrückt, wofür wir alle dankbar waren, denke ich. Kein verpflichtender Gottesdienst, obwohl eine kleine Kapelle zum Heim gehörte (sie mochte einmal ein zusätzliches Zimmer gewesen sein, seit Langem mit Kirchenbänken und farbigem Glas ausgestattet). Wir durften nicht auf unseren Zimmern essen, also waren Frühstück, Mittagessen und Abendessen die Zeiten, da wir herausfanden, wer sonst noch dort war.

Ich hatte ein paar Jahre im Internat verbracht, also hielt ich mich an das Wohnheim-Gefühl des Ortes. Andere mochten es nicht, sich die Zimmer zu teilen und wickelten sich ein Handtuch um, wenn sie in die Duschkabine gingen und schliefen mit dem Gesicht zur Wand. Für mich fühlte es sich nostalgisch an, mit anderen jungen Frauen in einem großen viktorianischen Haus zu sein.

Nur eine Woche, nachdem ich in dem Heim angekommen war, hörte die morgendliche Übelkeit auf. Ich dachte, dass es ein Zeichen dafür wäre, dass ich das Richtige getan hatte. Aber ich hatte nicht das Richtige getan. Nur wusste ich das noch nicht.

Es gab Zeiten, da schien das Heim ohne verantwortliches Personal zu sein. Wohin gingen die Schwestern ganze Nachmittage lang und wo war die Haushälterin, die manchmal die Böden in unseren Zimmern putzte? Wo war der Hausmeister, wenn eine Glühbirne nachts durchbrannte und eine Frau noch etwas lesen wollte? Wo waren die Oberin und ihr Ehemann?

Keine von uns wusste, was der Ehemann trieb, außer dass er versuchte, Spenden einzutreiben, um das Heim am Laufen zu halten. Die Oberin – ein altertümlicher Name – war nicht im Tagesgeschäft; sie delegierte Aufgaben an die sichtbare Belegschaft und schien sich auf regelmäßige Besprechungen zu verlassen. Sie schienen mir wie Standard-Charaktere, diese strengen, schattenhaften Figuren in dem sich verflucht anfühlenden Haus.

Wir konnten hingehen, wo wir wollten in der kleinen Stadt, die nicht viel zu bieten hatte. Ein Begleiter-Dienst wurde angeboten, aber nicht aufgezwungen, falls sich jemand durch die Anstrengung schwach fühlen sollte. Es herrschte eine unausgesprochene Regel, eine, die verhindern sollte, persönliche Informationen hervorzulocken. Mein einziger Kummer war der Temperaturregler; er war so niedrig eingestellt, dass er keine Gemütlichkeit in den Nächten erlaubte, oder am Tag, selbst wenn man einbezieht, dass schwangeren Frauen häufig heiß wird. Man musste sich auf alte, gehäkelte Afghanendecken verlassen, geschlungen um die hochgezogenen Schultern. Einige waren aus einem Stück gehäkelt, andere aus Dutzenden von Quadraten zusammengenäht, die Topflappen ähnelten. Die Quadrate passten nicht zusammen und die Ansicht eines Stapels von diesen selbstgemachten Decken konnte einen schwindeln lassen.

Es wurde so wenig von uns gefordert. Oh, es wurde Geld von uns gefordert, denn es war kein Wohltätigkeitsverein, zu dem wir gekommen waren.

Als ich vorher »Schwestern« sagte, meinte ich nicht, dass wir wie Patienten behandelt wurden. Unsere Vitalzeichen wurden nicht überprüft und auch keine unterstützenden Vitamine angeboten. Bis die Geburt kurz bevorstand, waren sie eher wie eine Flurwache oder Hausmutter. Wir vermuteten, dass sie die Oberin über den reibungslosen oder weniger reibungslosen Ablauf der Operation informierten. Und an den Tagen, an denen der Arzt gerufen wurde, erwiesen sie sich als unverzichtbar. Hausmütter wurden medizinische Fachkräfte und wir Gäste wurden Mütter.

Donnerstagnachmittags schaue ich nach dem Mann in seinen Neunzigern, bei dem immer der Fernseher läuft. Das ist bei den Leuten, die ich pflege, nicht unüblich. Dieser Mann mag die Sendung, bei der Immobilienmakler Leuten drei Häuser zeigen, die zum Verkauf stehen und die Leute eins aussuchen, um es zu kaufen. An dem Tag, an den ich mich erinnere, spielt die Sendung in der Karibik. Ein Makler zeigt einem Paar ein prachtvolles Haus mit unvergleichlichen Ausblicken und zwei Infinity-Pools. Die Frau schaut sich alles genau an und sagt zu ihrem Mann: »Ich könnte hier niemals glücklich sein.«

Dieser Mann in seinen Neunzigern war früher der CEO einer großen North Eastern Corporation. Ich denke, dass wir uns gut verstanden, seit er mir erzählt hatte, dass er sich oft

vor einer Vorstandssitzung gewünscht hatte, ein Empfangs-
mitarbeiter in einem mittelmäßigen Motel zu sein.

———•———

»Ich sehe ein Kind kommen.« Das war es, was die Hellseherin
zu mir sagte, die, die mir gesagt hatte, dass sie mich umgeben
von Umzugskartons gesehen hatte (Ich war gerade nach Florida gezogen). Als sie dies sagte, war ich innerlich leer, ich sah
nichts – welches Kind? Dann dachte ich, dass sie vielleicht
das junge Mädchen meinte, das ich mochte. Lois' zehn Jahre
alte Enkeltochter, die schon eine Schnute ziehen konnte wie
der beste Stand-Up-Comedian. Sie hatte beneidenswertes
Timing und ich hatte nicht gewusst, dass sie eine solche krea-
tive Kraft hatte. Obwohl ich das Mädchen nicht oft sah, war
ich so gerührt, dass ich für sie sorgen wollte. Die Familie hatte
ihre Probleme.

Erst als ich in Richtung meines Zuhauses fuhr, wurde mir
klar, wen die Hellseherin hatte kommen sehen. Und ich musste
am Straßenrand halten. Nun, ich musste fast am Straßenrand
halten. Es war eine Art Erkenntnis. Es war ein Maß für die
Distanz, die ich zu meinen damaligen Gefühlen geschaffen
hatte; da war ein Riss und es waren nur ein paar Minuten,
aber er war vorher nicht da gewesen, überhaupt gar kein Riss.

Da war ein Mädchen, dass ich vor ein paar Tagen ein
Sandwich hatte essen sehen, sitzend auf dem Rasen vor ihrem
Haus. Sie trug einen Rollkragenpullover und sie fiel mir auf,

weil sie beide Arme durch einen langen Ärmel ihres Pullovers gesteckt hatte. Sie hielt das Sandwich mit beiden Händen zur Seite, während ein Ärmel im Wind flatterte. Ich saß in einem Auto, das an einer roten Ampel angehalten hatte, als ich sie sah, aber selbst, wenn ich zu Fuß unterwegs gewesen wäre, hätte ich nicht wissen wollen, warum sie beide Arme durch einen Ärmel gesteckt hatte. Sie brachte mich zum Schmunzeln, ein Kontrast zu dem Jungen im Kinderwagen auf dem überfüllten Markt, der eine Handvoll Früchte in seinen Mund stopfte und dann die Worte »Ich kann es kaum abwarten, diese leckeren Beeren zu essen« ausspuckte und dieses Schauspiel wiederholte, bis die ganze Schachtel Beeren weg war. Seine fehlende Selbstkontrolle oder der Gebrauch des Wortes »lecker« – es war schwer zu sagen, was schlimmer war. Dreimal raten, ob die Mutter für die leere Schachtel zahlte.

———•———

Ich bin nie froh darüber, wenn ich von einem Menschen höre, den ich vor langer Zeit kannte. Was willst Du von mir – das ist die gefürchtete Frage – und warum jetzt. Als ich jedoch von einer der Frauen hörte, die zeitgleich mit mir in dem Heim gewesen war, wich das mulmige Gefühl der Neugier. Der Anruf kam, als ich gerade nach Florida gezogen war.

Die Person, die mich ausfindig machte, war die wohl sanftmütigste der Bewohnerinnen zu dieser Zeit. Sie litt unter Hyperemesis gravidarum, was sich mit fortschreitender

Schwangerschaft nicht gab; es ließ sie die ganze Zeit hindurch erbrechen. Sie konnte nichts bei sich behalten, außer dem gelegentlichen Salzcracker und ein paar Schlucken Ginger Ale, und daher war es für uns alle eine Überraschung, als das Baby unversehrt zur Welt kam. Nicht, dass das Baby *ihres* geblieben wäre. Diesmal war es ein Junge, wurde uns gesagt. Und wie in diesem alten Sprichwort hatte dieser Junge die Mutter nicht ihrer Schönheit beraubt. Krank, wie sie gewesen war, ging von dem Tag an, als sie ankam, bis zu dem, an dem sie ging, ein seltsamer Glanz von ihr aus.

Sie erzählte mir, dass ihr Bruder – praktischerweise ein Privatermittler – ihr geholfen hatte, mich zu finden. Sie sagte, sie wolle wissen, ob ich das Buch gesehen hätte. Welches Buch? Das Buch über das Heim, sagte sie.

Sie sagte, dass sie vermutet hatte, dass ich es nicht kannte, dass es bei einem kleinen Verlag erschienen war und dass es vielleicht nicht so viel Beachtung gefunden habe. Mehr wollte sie nicht sagen. Oder sie sagte noch mehr, war aber kryptisch. Bevor sie auflegte, erklärte sie mir, dass sie mir ihr Exemplar schicken würde, falls ich kein Exemplar auftreiben könnte.

Sie rief an einem Tag an, der mich daran erinnerte, dass ich Stiefel brauchte – 80 mm Regen fielen an weniger als einem halben Tag. Ich fand einen Laden, der Schlussverkauf hatte. Die Stiefel mussten nicht stilvoll sein, nur wasserdicht.

Ich probierte einen linken Stiefel aus der Auslage an und fragte die Verkäuferin, ob sie den zweiten für mich finden könne. Sie kam mit einem zweiten linken Stiefel zurück. Sie sagte, »Ich habe ihn gefunden« und gab ihn mir, damit ich ihn anprobierte. Als ich sie darauf hinwies, dass sie mir einen zweiten linken Stiefel gebracht hatte, sagte sie Nein, er sei für den rechten Fuß. Ich zeigte ihr, dass die Spitzen beider Stiefel nach rechts gekrümmt waren. Sie wollte sich nicht überzeugen lassen. Ich zog den Stiefel an und es war offensichtlich für mich und für eine zweite Verkäuferin, die ich vorher nicht gesehen hatte, dass ich zwei linke Stiefel trug. »Lassen Sie mich Ihnen den Rechten holen«, sagte sie. Die andere Verkäuferin war davon in keiner Weise beeindruckt, die mir aufgefallen wäre.

———•———

Es war die Politik des Heims, sie uns nicht sehen zu lassen. Es sollte auf diese Weise einfacher sein, aber für wen auch immer es einfacher war, für uns war es nicht einfach. Ein paar der Frauen versuchten, dies zu umgehen. Andere, mich eingeschlossen, waren zu müde, um ein Drama zu veranstalten. Uns wurde gesagt, dass die Adoptiveltern die Babys im Büro abholten, das auf einem anderen Stockwerk des Heims lag. Es wurde erklärt, dass dies fast unmittelbar nach der Geburt geschehe; es war gut koordiniert, wurde uns gesagt.

Während ich auf das Buch wartete, ging ich mit Freunden ins Kino, in einen Film über ein lange verheiratetes Paar. Die Freunde waren ebenso lange miteinander verheiratet wie das

Paar im Film. Der gespielte Ehemann ließ ein Geheimnis ans Tageslicht und der ganze, stille Film zeigte die Auswirkungen dieser Handlung auf die Ehefrau. Die Ehefrau wurde von einer Schauspielerin verkörpert, der man auf der Leinwand zuschauen will, egal, was sie tut.

Nach dem Film, beim Abendessen, fanden wir heraus, dass wir gegensätzlich reagierten. Meine Freunde waren der Meinung, dass die Frau im Film furchtbar und unfair war; sie fanden, der Ehemann sei »verloren« und waren auf seiner Seite. Ich jedoch dachte, dass der Ehemann selbstsüchtig war und Unrecht hatte und dass er sich grundlos schlecht benahm. Er ließ seine Frau an ihrer Hochzeitstags-Party in der Öffentlichkeit im Stich. Seine Bemerkungen waren unpassend und all ihre Freunde waren da und hörten sie. Ich war auf der Seite der Ehefrau im Film, deren lange Ehe plötzlich infrage stand. Meine Freunde verteidigten das Bewahren von Geheimnissen, aber ich sehe Geheimnisse als Lügen.

Ist es möglich, vor einem Hellseher ein Geheimnis zu bewahren? Jene, die mir gesagt hatte, dass sie ein Kind kommen sehe, war eine von Dutzenden Hellsehern in einem Städtchen, das für sie berühmt war. Einige Stunden Fahrt mit dem Auto entfernt liegt eine kleine Stadt, die einmal ein Camp von Spiritisten und ein paranormaler Strudel war. Es gibt ein verwunschenes Hotel, wenn man über Nacht bleiben will und einige der bestbewerteten okkulten Buchhandlungen und Kristallläden. Ich kaufte ein Paar Ohrringe aus grünem Aventurin. Ich hatte gehofft, dass das »d« aus Versehen weggelassen worden war, aber nein. Obwohl es »Adventurin« heißen sollte, wenn man mich fragt.

Das offizielle T-Shirt von Cassadaga zeigt den Namen der Stadt und darunter den Spruch: Wo die Maibeere die Dämmerung trifft.

Das ist der Ort, an dem ich lebe!

An der Bar in dem verwunschenen Hotel kann man auf seine Sitzung warten. Ich nehme mir wieder und wieder vor, dort hinzugehen, verschiedene Hellseher auszuprobieren, bis ich einen finde, der mir nicht die Wahrheit sagt.

———•———

Ich hatte das große Glück, einer Frau von unermesslicher Güte und Talent vorgestellt zu werden, die die besondere Fähigkeit besaß, Schönheit um sich herum zu schaffen. Sie war selbst von unglaublicher Schönheit. Sie ist eine Malerin und ich liebe ihre Gemälde. Sie ist eine sehr großzügige Freundin, die mir die zwei gab, die ich am liebsten mochte. Auf einem sind drei kleine Mädchen in weißen Kleidern. Sie haben keine Gesichtszüge. Sie stehen am Ufer einer Insel, demjenigen winkend, der auf dem Boot ist und entweder auf die Insel zukommt, auf der sie stehen, oder sie hinter sich lässt. Ich fragte sie, wer die kleinen Mädchen in den weißen Kleidern waren. In ihrem neunzigsten Jahr erklärte sie mir: »Ich, mein Selbst und das andere Ich.« Und die Leute im Boot, denen sie zuwinken – kommen diese Leute an oder gehen sie?, fragte ich. »Sie gehen«, sagte sie. »Die Mädchen winken zum Abschied.«

Auf einem anderen Gemälde, das sie mir gegeben hat, sind vier gesichtslose Mädchen in weißen Kleidern. Es erzeugt ein Gefühl von Dringlichkeit, wie sie vor dem Sturm fliehen, der sich über ihnen zusammenbraut; sie versuchen, sich in Sicherheit zu bringen, das »Wolkenland« zu verlassen.

———•———

Was, wenn man Trost durch Putzen finden könnte? Was, wenn ich lernen könnte, einen Beutel in den Staubsauger zu tun und ihn durch den Raum zu schieben, und wenn der Schmutz einfach so wegtransportiert würde. Oh, ich weiß, wie man staubsaugt – nur, was wäre, wenn ich die Zen-Stimmung darin finden könnte, wenn es eine zu finden gibt, oder darin, schmutziges Geschirr zu spülen, eine Toilettenschüssel zu bleichen und vorher den Klempner zu rufen, damit er die Toilette *repariert*. Was, wenn ich die Bettwäsche austauschte, die so lange schon nicht gewechselt wurde und auf der Veranda die Piniennadeln und Blätter wegfegte, einen Besen dafür nutzte, die Eingangstür von Spinnweben und festgeklebten Käfern zu befreien und wenn ich die Pinienzapfen zusammenrechen würde, die von starken Böen auf den fleckigen Rasen geweht worden waren. Jeder andere hätte all das längst getan. Wie mag es sein, ein geordnetes Leben zu leben?

Ein Freund aus New Yorker Tagen, der elegante Christopher, lebte ein sehr entspanntes Leben und sagte eines Tages zu mir, »Wenn das Leben einfach ist, dann ist es einfach, ein Leben auszulöschen.« Er wollte provokativ sein, ich glaube, das war er. Es gibt keinen Weg mehr, das herauszufinden; vor vielen Jahren wich die Entspannung aus seinem Leben und er starb an AIDS. Aber ist es nicht auch wahr, dass es einfach ist, ein Leben auszulöschen, wenn das Leben hart ist? Manchmal ist die Antwort Ja, wenn jemand fragt, ob es Dich umbringen würde, die Post reinzuholen.

———•———

»Östrogengesteuert.« Nicht einmal ein richtiges Wort und doch kann jede Frau die Beleidigung darin hören. Frauenfeinde in der ganzen Welt benutzen es und ein Arzt benutzte es in dem Heim. Es war ein Weg, eine Frau und von ihr Gesagtes oder Gedachtes herabzusetzen, denn sie gilt als von Hormonen durchflutet. Obwohl der Arzt in dem Heim diesen Ausdruck nicht benutzt hatte, um mich zu beschreiben, so hatte ich doch eine schlechtere Meinung von ihm, weil er es überhaupt verwendet hatte.

Wir mussten das Warten überstehen. Das Haus war nicht sauber, aber es war weit weg von irgendwem, den wir kannten und wir brachten das Geld auf, die große Summe Geld, die nötig war, um dort zu bleiben und wir würden sicher sein, dass wir für die Zukunft unserer Kinder gesorgt hätten, die wir nicht sehen würden. Wir würden uns daran erinnern, wenn alles uns daran erinnerte, was wir getan hatten. Das war das Beste, was wir tun konnten; wir hatten das Beste getan, das wir tun konnten.

Doch nachdem ich das Buch bekommen hatte und es das erste Mal gelesen hatte, wurde mir übel. Nachdem ich erfahren hatte, was im Obstgarten des Heims getan wurde. Vorher, als ich dort war und es noch nicht wusste, hatten die anderen Frauen und ich im Obstgarten heruntergefallene Äpfel aufgehoben und sie in die große, hölzerne Schale auf einem milchfarbenen Tisch neben der Hintertür gelegt. Der Gärtner nahm einige mit nach Hause zu seiner Frau, wenn die Köchin sie nicht für die Kuchen brauchte, die sie sonntags nach Huhn und Klößen servierte. Nachdem ich das Buch gelesen hatte, wurde mir von Äpfeln übel, von dem Gedanken an Äpfel, dem Wort selbst, sogar von dem Buchstaben »A«, der vielleicht der Anfang von »Apfel« sein konnte. Halte sie mir vom Leib – die roten und grünen, die, die aus Asien kommen und wie Birnen schmecken, dasselbe gilt auch für die, die sich unter der Kruste von Kuchen verstecken. Cider im Herbst – das war nicht mehr drin.

Die Autorin des Buches war in dem Heim geboren worden; ihre Adoptiveltern hatten es ihr erzählt. Die Autorin war Journalistin und sie recherchierte über den Ort. Es hatte Gerüchte gegeben, Anschuldigungen. Das Heim war nach dem Brand wieder aufgebaut worden und hatte seine dunklen Geschäfte für einige Jahre weitergeführt. Doch etwas stimmte nicht. Es gab das Geständnis einer Pflegerin, ein anderes von einer Aufseherin, die wieder ging, kurz nachdem sie eingestellt worden war. Die Autorin war nicht die erste, die sich das Heim genauer ansah, aber sie war diejenige, die sich nicht abwimmeln ließ. Andere waren bedroht worden. Niemand kooperierte. Sie machte weiter und konnte ein Geständnis eines Handwerkers aufzeichnen, der mit seinem Gewissen nicht länger leben konnte. Er erzählte ihr, dass die Babys, die wahrscheinlich nicht so leicht adoptiert worden wären, nicht versorgt wurden, um Kosten zu sparen. Sie bekamen keine Milch und sie bekamen keine Medikamente und dies war das Standard-Vorgehen, bis diese Babys starben und in Miniatursärge gelegt wurden, wofür man hölzerne Butterkisten zweckentfremdet hatte. Der Handwerker begrub sie dann im angrenzenden Obstgarten.

Die Autorin berichtete den lokalen Behörden davon, die sich um das Kindeswohl und Adoptionspraktiken kümmerten und denen, die sich für eine aufgeklärte soziale Fürsorge engagierten – die Leute, denen es dann natürlich gelang, das Heim zu schließen. Die Autorin schaltete Anzeigen und konnte weitere Betroffene finden, die dort geboren und dann adoptiert worden waren. Sie wurden noch immer gezählt, sagte sie. Sie veranstalteten Wiedersehens-Treffen. Und wer wurde zur Verantwortung gezogen? Diejenigen, die hätten bestraft werden sollen, waren schon tot, schrieb die Autorin.

»Schüttelt es ab, lauft«, sagten die Schwestern zu uns, als wir stark genug waren, um zu laufen, während wir uns darauf vorbereiteten, das Heim zu verlassen.

———•———

Ein paar Kilometer von meinem Haus entfernt ist ein Feuchtbiotop und für eine kleine Spende kann man durch die wunderschöne Sumpflandschaft laufen, die vielen Vögeln und Wildtieren ein Zuhause ist. Am Anfang des Weges steht eine Tafel, wo Wanderer aufschreiben können, welche Tiere sie an diesem Tag gesehen haben. Alligatoren sind erwartbar, Ibisse, Waldstörche und Reiher und eines Tages schrieb ein Scherzkeks, der vor mir da war, »Pinguin«. Bei meinem nächsten Besuch schrieb ich »Kinder« unter die Spalte »Sichtungen«. Als ich wiederkam, war es ausradiert worden; jemand hatte »Anwalt« geschrieben und einen finsteren Smiley daneben gemalt. Das nächste Mal, als ich durch das Reservat ging, schrieb ich »steel horse« und kam später am Tag noch einmal zurück, um zu sehen, ob irgendjemand es verstanden hätte und ich war froh zu sehen, dass jemand zwei Worte vor und zwei Worte hinter meine geschrieben hatte, die die Zeile von Bon Jovi vervollständigten: »On a steel horse I ride.« Die anderen Sichtungen an diesem Tag auf der Tafel waren Ketten-Königsnatter, Brahmanen-Wurmschlange, Schlange, Schlange, Chihuahua, Schlange.

———•———

Diese Region Floridas – nicht am Ozean, nicht am Golf – ist für den Moment vor der Gefahr durch Flut geschützt, obwohl ein Hurrikan Bäume umstürzen würde und der nördliche Teil der Stadt in der Blitz-Einschlagschneise liegt. »Fruchtbar« ist ein Wort, das mir dazu in den Sinn kommt, ebenso »Insekten auf Steroiden«, das hört man dauernd. Keine Touristensaison, keine realen Touristen, sondern Leute, die auf die Universität gingen, kamen oft für Liga-Spieltage zurück, sodass man sich eine andere Route durch die Stadt suchen musste.

Es gibt hier eine Leichtigkeit und man kann sie sich leisten. Das Land ist flach, es gibt eine kleine Innenstadt mit Bars und ganz guten Restaurants und einem guten Café, in dem die Studenten rumhängen. Ich lebe etwas außerhalb, wo die erschlossenen Gebiete Namen auf Holzschildern haben. Meine Straße allerdings hat ihres irgendwie verloren. Falls man eine internationale Stadt will, ist Miami eine vierstündige Fahrt in Richtung Süden entfernt.

Für den Moment ist es ein Zuhause, aber wo fühlt man sich schon jemals zu Hause? Tausende von Flüchtlingen, und ich lebe in dem Luxus, über diese Frage nachdenken zu können. Wenn eine Familie aus Syrien dieses Haus benötigen würde, würde ich es ihnen überlassen. Außer, dass sie dann dieselben Probleme mit den Reparaturen hätten und wo würden sie Arbeit finden? Würden ihre Kinder in den Schulen der Umgebung akzeptiert? Jeden Tag suche ich für eine kleine Weile online nach Häusern zur Miete, hier und in anderen

Städten. Ungeachtet dessen, dass ich in diesen Städten keinen Job habe, schaue ich nach Häusern und frage mich, ob sie ein Zuhause sein könnten.

Es ist Valentinstag und wir bekommen mit, dass die Blumenhändler im Norden ein Vermögen verlieren, weil es so kalt ist, dass die Blumen erfrieren, bevor sie ausgeliefert werden können. Es erhöht vermutlich die Verkäufe für die Lieferanten von Schokolade. Dies ist entweder zyklisch bedingt oder eine neue und seltsame Entwicklung für unseren Planeten. Ein Immobilienmakler versuchte, mein Interesse für ein Haus an der Golfküste zu wecken, als ich noch suchte, und als ich fragte, wie viele Jahre es dauern würde, bis es unter Wasser stünde, fragte er:»Warum eine Kontroverse befeuern?« Klimawandel ist die Kontroverse. Der Makler sagte, dass dieser bisher den Verkäufen entlang der Strände noch nicht geschadet habe, nicht einmal in Miami oder St. Pete, die als erstes betroffen sein würden.

Ich brauche heute keine Blumen oder Schokolade, aber weil ich eine Aufmunterung brauche und kein Geld bei mir habe, fahre ich rüber zum Campus der Universität, wo überall eine Stechpalmenart gepflanzt wurde, Ilex vomitoria, deren Beeren giftig sind, doch wenn man eine Handvoll ihrer Blätter kaut, dann wirken sie ähnlich wie Koffein.

Eine halbstündige Fahrt von meinem Haus entfernt liegt die Stadt mit dem Gefängnis; es ist eines für die schweren Fälle. Hier hingerichtet? – Ted Bundy zum Beispiel. Es ist keine Stadt, wo man zum Tanken anhalten möchte und man bekommt schon für fünf km/h über der Geschwindigkeitsbegrenzung einen Strafzettel. Ich habe nur eine Person kennengelernt, die im Gefängnis war, ein Typ, mit dem ich einmal ausgegangen bin. Mein Eindruck war, dass er sehr eingebildet war, aber das war damals, als ich Menschen noch eine Chance gab. Wir trafen uns vor einem Kino und mussten eine halbe Stunde in der Schlange warten.

»Ein Glück, dass ich etwas zum Lesen dabei habe«, sagte er. Ha, was ein Blödmann. Kurze Zeit später hörte ich, dass er für Unterschlagung saß. Fragte mich: Jetzt bereit zu lernen? Okay, ein andermal. Nächstes Mal.

———◆———

Der Klimawandel-Ungläubige von Gegenüber kommt an einem Morgen unter der Woche vorbei und fragt, ob ich Zeit hätte für einen »kleinen Nachbarschaftsschnack«. Ich bin schon spät dran für einen Patientenbesuch und sage ihm, dass ich mich gerade für die Arbeit fertigmache, aber als er sich mit einer Entschuldigung abwendet, gebe ich mir einen Ruck und frage ihn, wie es ihm geht. Er werde nächste Woche neunzig Jahre alt, sagt er, was ich beeindruckend finde, da er mir vor Kurzem erst erzählt hat, dass er achtundachtzig sei. Und ich weiß schon, wie dieser Nachbarschaftsschnack ablaufen wird – er hat die anderen Nachbarn glauben machen, dass wir uns nahe stehen, also haben sie ihn abgestellt, um mit mir über den Garten zu sprechen. Es wäre innerhalb seiner Zuständigkeit, wenn er mit mir über den Briefkasten sprechen wollte, der von Post überquillt. Wie schnell dieses Haus der Schandfleck der Nachbarschaft werden konnte. Es ist jetzt schon schlimmer als zu dem Zeitpunkt, als ich eingezogen bin. Das Haus an der Ecke, in dem jemand gestorben ist, ist in besserem Zustand als dieses und es wird von den Enkeln gepflegt, die in Colorado leben.

Am Tag vor dem Besuch des Nachbarn, welch ein Schreck! Ich hütete Lois' Samojedenhund und er sprang über den Zaun und verschwand. Eine freundliche Frau fand ihn allein umherstreunend und sah die Nummer auf seiner Marke. Sie rief Lois an und sagte, dass er sicher sei und etwa einen Kilometer entfernt. Lois gab ihr meine Nummer und sie bot an, den Hund vorbeizubringen, da sie ins nahegelegene Einkaufszentrum wollte. Ich stand an der Ecke der Straße, aus der sie kommen würde, um zu mir zu fahren und wies ihr mit Handzeichen den Weg. Der weiße Ford Escalade wurde langsamer und ich sah den weißen Hund auf dem Beifahrersitz hocken. Er kniff die Augen zusammen, weil die Klimaanlage ihn anblies. Die Frau bog in meine Straße ein, hielt an und setzte den Blinker.

Sie hatte eine der Leinen ihres eigenen Hundes an seinem Halsband befestigt, soweit ich sehen konnte, als sie ihn mir übergab. Sie hatte ihre kleine Tochter dabei und sagte mir, dass ihre Tochter mit Tieren kommunizieren könnte. »Er liebt

Dich«, sagte das kleine Mädchen zu mir. Das war es, was er ihr gesagt hatte? Ich dachte: Warum hat er ihr nicht erzählt, wo er wohnte und ihrer Mutter den Anruf erspart? Aber das war bloß meine fiese Seite. Ich versuchte, der Frau Geld zu geben, welches sie ablehnte, also dankte ich ihr und ihrer Tochter und sagte dem kleinen Mädchen, dass ich wünschte, ich hätte ihre Gabe.

———•———

Die Pfadfinderinnen verkaufen wieder Kekse und vor dem Lebensmittelladen ist ein Tisch aufgestellt, auf dem viele Päckchen stehen. Neu dieses Jahr ist eine glutenfreie Sorte; die Geschmacksrichtung ist Toffee. Das ist die Sorte, von der ich zwei Päckchen kaufe, und das Mädchen, dem ich das Geld gebe, ist jenes, das ich weggab. Nicht jedes Mädchen, das ich sehe, ist jenes, das ich zurückgelassen habe. Damit diese Gewissheit meinen Tag übernehmen kann, muss ich in Stimmung sein. Nicht jedes Mädchen ist überhaupt im richtigen Alter, aber das macht keinen Unterschied. Wie viele Jahre ist es jetzt her und ich sehe sie – das Mädchen, das ich nie sah –, wo immer ich hingehe. Ich habe nie eine Liste gemacht und zähle nicht die Anzahl der Male, wenn ich sie sehe. Aber Mann, sie kommt weit herum.

Wir haben Reisen zusammen unternommen. Ich bin natürlich die Fahrerin und sie die ausgedachte Passagierin, während wir die Südstaaten durchfahren, von Florida aus an der

Golfküste entlang nach Louisiana. Ich zeige ihr New Orleans. Ich zeige New Orleans *mir selbst*, da ich noch nicht oft dort war. Man fühlt sich fünfzig Prozent cooler, allein wenn man eine Straße in dieser Stadt entlang läuft, selbst, wenn es die falsche Straße ist. Vierzig Dollar, um einen Tag hier zu parken – ich bin glücklich und bereit, das in New Orleans zu zahlen. Ich trinke und feiere nicht, also bin ich in New Orleans ein Mauerblümchen. Ich bin sowieso besser unter vier Augen und das Mädchen, die ausgedachte Passagierin, findet das in Ordnung. Ich war es gewohnt, mit Männern zu reisen, die Reiseführer dabei hatten. Eine solche Reise fühlte sich an wie ein Schulausflug, wo man über die Kirchen und Handelswege, Landwirtschaft und Außenhandel lernt. Ich bin nicht dagegen, etwas zu lernen, aber ich mag es, an neuen Orten eher menschlich verbindende Erfahrungen zu machen. Besonders, wenn der neue Ort alt ist. Ich lerne lieber etwas über einen Ort, wenn ich ihn wieder verlassen habe.

Eine Reise mit der ausgedachten Passagierin braucht kein Ziel. Wir können jederzeit umdrehen und in eine andere Stadt fahren, wenn wir angekommen sind, wo wir hinwollten und dann herausfinden, dass der Ort uns gar nicht interessiert. Keine Souvenirs nötig, denn sie ist nicht wirklich da. Doch ich lasse den Anschnallgurt auf dem leeren Sitz zugeschnallt.

Am Tag, bevor die Twin Towers einstürzten, nahm ich am Begräbnis eines meiner besten Freunde teil. Dort waren so viele Menschen – mehr als vierhundert – und wir füllten den blank polierten Privatclub. Am nächsten Morgen, als ich den Horror im Fernsehen sah, war ich froh, dass mein Freund dies nicht mitansehen musste. Und sofort bemerkte ich den Fehler darin. Er war New Yorker und er hätte nicht gewollt, dass ihm das Leid erspart bliebe. Er hätte sich beeilt, seine Hilfe anzubieten und wäre stolz gewesen, in seinem Viertel zu bleiben, das nur ein paar Blocks entfernt lag. Er hätte die giftigen Wolken eingeatmet, die dann kamen, verliebt in die verletzte Stadt. Seine natürliche Eloquenz hätte andere getröstet. Doch er war tot, er war bereits tot.

———◆———

Vor Jahren habe ich einmal teure Strampelanzüge für das Baby einer Kollegin aus einem Katalog gekauft. Seitdem habe ich den Katalog viermal im Jahr erhalten. Anstatt ihn in den Papiermüll zu werfen, ließ ich mich hineinziehen und folgte dieser Erzählung über kleine Kleidungsstücke, die von Kindermodellen mit Lippenstift getragen werden. Der Katalog kommt aus England und man könnte es schlechter treffen, als ein Kind aus seinen Seiten zu kleiden.

Ich habe sie nie danach gesucht, welche Kleidung sie in einem bestimmten Alter tragen könnte. Ich habe nicht darüber nachgedacht, was sie lernen würde, oder wann sie es lernen würde. Ich weiß nicht, in welchem Alter ein Kind schriftliches Teilen lernt.

Unter jenen Kleidern im Katalog finden sich auch Kleider mit goldenen Tüllröckchen und winzig kleine Cashmere-Pullover. Nicht solche Kleider, die man in die Waschmaschine werfen kann, wenn ein Baby sein Mittagessen darauf gespuckt hat. Ich vermute, diese Kleidung ist für zeremonielle Anlässe gedacht, doch jedenfalls muss es zahllose Babys geben, die auf ihre Taufkleidchen gesabbert haben. Aber da ich noch nie eine Taufe miterlebt habe, weiß ich nicht, wovon ich rede.

———•———

Heute wurden neue Schilder an den Wegen des botanischen Gartens aufgestellt. Das erste weist Besucher an, ihre Namen nicht in die Bambusstäbe zu schnitzen. Hinter der äußeren Rinde liegen Zellen, die Wasser und Zucker in alle Bereiche der Pflanze transportieren, aber hier sind schon viele Stämme mannshoch mit Namen von Herzen umrahmt verziert, sie bedrohen die hohlen Säulen.

Das zweite Schild ist kleiner und es steht an drei Orten. WASSERMOKASSINOTTERN-NEST. Die Orte, an denen die Schilder aufgestellt sind, sehen nicht anders aus als der Rest der Umgebung. Als ob die giftigen Schlangen sich nicht über das Nestbaugebiet hinaus schlängeln? Die Bromeliengärten, zum Beispiel? Die Schilder stehen nur wenige

Zentimeter vom Spazierweg entfernt, wo Frauen Kinder-
wägen vorbeischieben. Viel Glück, liebe Besucher!

———•———

Die Küstenorte in der Nähe sind übersäht mit Zu-Verkau-
fen-Schildern. Die Anwohner streiten miteinander darüber,
welches Städtchen zuerst unter Wasser sein wird. Wie schon
gesagt, alle denken, dass es Miami sein wird, aber erkläre das
einer Maklerin und sie wird Dir sagen, dass diese Vorhersagen
den Markt nicht beeinflussen; Verkäufe laufen gut. Aber die
Anzahl der Zu-Verkaufen-Schilder scheint sich nicht zu verän-
dern, es sind so viele, dass in einigen Golfküstenstraßen eines
vor jedem zweiten Haus steht. An einem 20-Grad-Februartag
am Wasser entlang spazierend, bei mildester Brise, die nicht
einmal das Wasser zu kleinen Riffeln formt, wo die Delfine in
Herden springen und Pelikane im Sturzflug Fische fangen, da
könnte ich glauben, dass die Gefahr nicht real ist. Doch ich
habe mich als eine Person erwiesen, die Gefahr nicht erkennt.

———•———

In einem Frozen-Yoghurt-Laden stand ich in der Schlange
hinter einer Frau, die ein Baby hielt, es war etwa ein Jahr alt
und hatte eine Windel an. Ich sah zu, wie die Mutter das Baby
zu der Sorte trug, die ich nehmen wollte, und die speckigen
Finger dazu ermutigte, die Düsen anzufassen, aus denen der
gefrorene Joghurt kam, damit das Baby die eisigen Spitzen

der Schokolade und Vanille spüren konnte, die von der letzten Person, die etwas davon gekauft hatte, übrig waren. Ich sah die Verkäuferin an, *Tun-Sie-etwas*, doch sie – ein Teenager-Mädel in Uniform – lächelte die Mutter und das bewindelte Baby an. Was zur Hölle stimmte nicht mit ihnen? Oder was stimmte nicht mit mir? Nein, was stimmte nicht mit *ihnen*?

———•———

Eine Freundin, die in einer langen, glücklichen Ehe lebte, ihre Kinder schon erwachsen, sagte zu ihrem Mann in ihrem Haus in Chelsea, New York, »Ich glaube, ich muss nach Indien gehen und dort bedürftigen Kindern das Lesen beibringen«. Ihr Mann sagte, »Ich bin ziemlich sicher, dass Du auch Kinder zum Unterrichten in der 23rd Street finden kannst«. Er hatte recht. Und sie fand sie. Und fühlte sich besser.

Sie erzählte mir das an einem Tag, an dem ich über situative Ethik nachdachte. Ich dachte für ungefähr zwei Minuten darüber nach, aber trotzdem. Als ob irgendwer eine noch düsterere Situation als gewöhnlich braucht, um sich klarzuwerden. Und natürlich hatte es mit dem Heim zu tun, mit der Frage, was ich getan hätte, wenn ich damals gewusst hätte, was meine Entscheidung bedeutete. Es gab viele Ausreden. Aber andere Frauen hatten es schwerer und kamen zurecht. Doch es war eine schwerere Zeit für *sie*. Meine schwere Zeit war immer noch zu schwer für mich und daher die Diskussion mit mir selbst fraglich.

Versuchte, gestern einen Mittagsschlaf zu machen. Vielleicht ist es etwas, wobei man den Dreh erst herauskriegen muss. Mittagsschläfer sagen, dass sie erfrischt erwachen. Ich habe mich nur erfrischt gefühlt, als ich in den Stausee in Maine gegangen bin. Nicht jeder Gedanke an Maine hat etwas mit dem Heim zu tun.

———✦———

Im historischen Teil der Stadt, wo die kleinen Bungalows noch nicht gentrifiziert sind, habe ich eine schöne Zeit mit Lois, der Patientin, die so gern über Begehren spricht. Sie und ich sind uns einig, dass wir begehrt werden wollten, wenn wir gemocht wurden, und dass wir gemocht werden wollten, wenn wir begehrt wurden. Nicht anstatt dessen, sondern zusätzlich. Aber es fühlte sich für mich an, wie Schuhe an den falschen Füßen zu tragen, während mein Knie die aufgemalte weiße Linie berührte, wartend auf den Schuss, der das Rennen starten würde.

Das einzige Rennen, bei dem ich je mitgelaufen bin, war das Mitternachtsrennen im Central Park am Silvesterabend, in einem Kostüm. Ich bin es vier Jahre in Folge gelaufen. Fast sechstausend Leute rannten von versetzten Startpunkten aus, während eine Rockband spielte und zwanzig Minuten erstklassiges Feuerwerk abgebrannt wurde. Die Pappbecher mit Wasser am Rand der Strecke wurden durch Plastikbecher mit Champagner ersetzt. Die Strecke war nur sechs Kilometer lang, aber es war Mitternacht und es war kalt. Einige der Läufer vergrößerten ihr Volumen mit aufwendigen Kostümen und Masken, aber alles, was ich tat – ganz die Englischlehrerin damals – war UND UND UND auf meine Startnummer zu schreiben, die an meinen Pullover gehängt worden war; ich war als endloser Satz verkleidet. Es gab eine offizielle Stoppuhr an der Ziellinie und ich war nicht die letzte, die sie überquerte. Dann ging es zu einem Diner auf die West Side, Käsekuchen nachts um zwei.

———•———

Die Kollegin aus der Schule, mit der ich rannte, wurde jedes Jahr schwächer, bis sie beim letzten Mal die Strecke entlangging. Sie drängte mich, vorauszurennen und sie am Ende wiederzutreffen. Im Jahr danach lief ich das Rennen allein. An diesem Feriennachmittag steckte ich in einem Stau, der meine Fahrt um zwei Stunden verlängerte. Während ich auf dem Hutchinson River Parkway in südlicher Richtung stand, dachte ich: Sie hätte diese zwei Stunden im Stau gewollt; sie hätte zwei Stunden mehr in einem Auto, auf einer Straße, in diesem Leben begrüßt.

———•———

Gefahr, Gefahr, Gefahr, Gefahr – die vier kleinen Mädchen des Wolkenlands in Weiß.

———•———

Was wirst Du mit all der freien Zeit anfangen? – Die Frage, die die Leute Frauen stellen, deren Kinder bald zu Hause ausziehen werden. Ich habe mir selbst diese Frage gestellt, seit ich das Mädchen in dem Heim zurückgelassen habe.

———•———

Von dem Nachbarn nebenan, einem Anwalt der Stadt, habe ich von dem kleinen weißen Kreuz mit dem Nachtlicht darauf erfahren, das man auf dem überwucherten Mittelstreifen nicht übersehen kann, dort, wo man abbiegt, um zu meinem Haus zu gelangen. Es erinnert an einen Jungen, der hier von einem Auto erfasst und überfahren wurde, vor sechzehn Jahren. Seine Familie ist weggezogen, aber eine der Lehrerinnen des toten Jungen sorgt dafür, dass hier Blumen blühen. Das Problem ist, so sagt der Anwalt der Stadt, dass die Lehrerin des toten Jungen nicht-indigene Arten gepflanzt hat, die sich ausgebreitet und das, was hierhergehört, verdrängt haben. Ich hörte Geschrei von dort draußen, es waren eine Frau und mein Nachbar von nebenan, der ihre Pflanzen ausgraben wollte. Er wollte mich überreden, einen invasiven Baum in meinem Vorgarten zu entfernen, aber da es nicht *mein* Garten ist, erledigte sich das schnell.

———•———

»Wissen Sie, Jesus hat uns sein Gebot gegeben: ›Liebe Deinen Nächsten wie Dich selbst.‹ Sie sehen hier Nachbarschaftlichkeit in Aktion! Gott schütze Sie vor all Ihren Problemen. Es wird allerdings *Zeit* und *Geld* kosten. Ihr sich sorgender Nachbar, Professor em. Ken Warmley.«

Dies wurde von einer handschriftlichen Liste begleitet, die mit »Ihre Prioritäten« betitelt war, die mein Nachbar, der nicht an Klimawandel glaubt, mir überreichte. Ihm zufolge war es meine oberste Priorität, die Zuständigkeit zu klären, die die Energieversorgungs-Firma in Stücke zerlegt hatte. Mein ältlicher Nachbar listete vier Firmen auf, die ich anrufen könnte, um ein Angebot für den Job einzuholen, was die Besitzer des Hauses, das ich gemietet hatte, sich weigerten zu tun. Er hat die Liste kommentiert und neben den ersten Namen geschrieben, »Er ist seit Jahren mein Garten-Haus-Mädchen-für-Alles«. Neben den zweiten Namen hat er geschrieben, »Er ist ein gesunder, junger Schwarzer«. Was – wollte ich etwa einen Sklaven kaufen? Mir wurde gesagt, dass ich dies nicht so eng sehen solle, dass ich im Süden sei, aber ich habe am Ende nicht den »gesunden, jungen Schwarzen« angeheuert, weil er keinen Lastwagen hatte und daher die zerschredderten Bäume nicht wegfahren konnte. Ich fand eine Youtube-Seite, die mit »Baumschnitt geht schief« übertitelt war. Der Mann, der kommentierte, dass die Firma den Bäumen angetan habe, was Hitler den Juden angetan hat, erhielt mehr Reaktionen als alle anderen. »Weinerliches Baby«, schrieb jemand. »Du willst doch Elektrizität, oder?« Immerhin beschränkt »Baumschnitt geht schief« es auf diese Panne. Gott sei Dank können wir Bewusstsein, oder eine Vertrauenskrise oder einen moralischen Fehltritt oder das, was nach der Reue bleibt, noch nicht fotografieren.

—·—

Die Frau, mit der ich das Mitternachtsrennen im Central Park gelaufen war – sie hinterließ ihr Haus in ihrem Testament einer Freundin und erzählte der Frau nicht, dass sie dies getan hatte. Sie verfasste das Testament, als sie einen frühen Tod starb, verzichtend auf die Dankbarkeit ihrer Freundin, einer alleinerziehenden Mutter, die das Haus erben würde. Sie brauchte den Dank nicht. Sie gestaltete all das so makellos. Ihre Großzügigkeit lebte weiter, nachdem sie gestorben war.

—·—

An einem Dienstagmorgen fragt mich Lois – immer noch meine liebste unter den Leuten, nach denen ich sehe –, Lois fragt mich, ob ich Zeit hätte, eine Petition mit ihr zu unterschreiben. Sie leidet unter Parkinson im Frühstadium und sie ist stoisch. Sie hat mich zu einer Art Tochter ehrenhalber gemacht. Ich bringe ihr eine Packung der Pfadfinderinnenkekse und bin froh, helfen zu können. Ich öffne ihren Laptop und finde die Seite mit der Petition, wie sie es möchte, und sie zeigt mir, was ich unterschreiben möge. Verdammt, ja – es ist eine Petition, die an Mariah Carey gerichtet ist;

das Ziel ist es, sie davon zu überzeugen, bei ihrer Hochzeit mit dem Milliardär keine lebenden Babyelefanten und Tiger »auftreten« zu lassen. Als ob jemand, der glaubt, dass man auf diese Art ein Gelübde feiern müsste, durch hunderttausend Menschen aufgehalten würde, die diese Pläne grausam finden. Ich unterschreibe trotzdem und ich schreibe eine Nachricht in die Box, über der »Für mehr Nachdruck« steht. »Liebe Mariah Carey«, schreibe ich. »Bitte benutzen Sie keine Babyelefanten und Tiger für Ihre Hochzeit.« Ich klicke auf Absenden.

In dem Moment, in dem man auf Absenden klickt, öffnet sich eine weitere Petition. Es kann eine sein, die nichts mit dem grässlichen Thema zu tun hat, zu dem man gerade Nein gesagt hat. Heute Abend geht es in der Petition um einen mutmaßlichen Vergewaltiger, dem eine Bürgerehrung zuteilwerden soll. Ich weiß nichts über den Fall, aber ich unterschreibe der Umstände halber. Dann unterzeichne ich eine, die den Abschuss von eingezäunt lebenden Wölfen vom Helikopter aus stoppen soll, eine Petition für sauberes Wasser in Michigan und eine, bei der eine Touristenattraktion am Straßenrand davon überzeugt werden sollte, seinen einsamen Elefanten in ein Schutzgebiet zu geben, wo er unter seinesgleichen sein kann. Es ist interessant, den Hinweis zu beachten, dass ich Nein zum Unterzeichnen sagen und mich davon abwenden kann, um wieder zur Gestaltung meines Tages zurückzukehren.

Am nächsten Tag erhalte ich Dank für das, was ich unterschrieben und eingesandt habe, nicht von den Organisationen, die die Petitionen geschickt haben, sondern von einzelnen Elefanten und Wölfen: »Danke von Toshi«, »Danke von Eisha« und ich weiß, dass ich nicht genug getan habe, nie genug für sie tun kann.

———•———

»Liebe Mariah Carey.« Ich versuche es einfach noch einmal. Der Diamant in ihrem Verlobungsring wiegt 35 Karat und kostet zehn Millionen Dollar. Schlimmer ist, dass sie darum gebeten hat; sie hat ihren Verlobten nach dem Ring gefragt, der so viel gekostet hat. Und das Nächstschlimmere ist, dass er ihn für sie gekauft hat. Lasst uns nicht anfangen, darüber nachzudenken, wie so viel Geld der Armut hätte in den Arsch treten können. Ich sehe, dass eine andere Entertainerin, die talentierter ist als sie, sie jetzt als Pariah bezeichnet.

———•———

In einem schattenlosen Stadtpark, durch den ich manchmal gehe, erzählt mir eine junge Frau, die ich zuvor schon gesehen und gegrüßt hatte, dass ihre Scheidung nun durch sei. Wir hatten nie über eine bevorstehende Scheidung gesprochen; ich wusste nicht, dass sie verheiratet war. Aber ich gratulierte ihr und sagte ihr, dass es bestimmt eine große Erleichterung sei. Ja, sagte sie, sie fühle sich schon jetzt so viel leichter.

Das ist eine große Sache, sagte ich, neuerdings weise. Wir wünschten uns »Alles Gute«. Ich fragte mich, ob Kinder mit im Spiel waren. Jemand anders hätte sie vielleicht auf einen Drink eingeladen. Aber ich hatte das Gefühl, dass ich ihre Neuigkeit respektvoll behandelt hatte, und ist das nicht mehr, als man zumeist bekommt? Vielleicht wollte die gerade geschiedene Frau sich mit mir anfreunden. Vielleicht erzählte sie es jedem, den sie traf. Ein paar Monate werden vergehen und ich werde mich nicht mehr erinnern, dass diese Frau sich hat scheiden lassen. Ich bin jemand, dem man ein Geheimnis erzählen kann; ich werde mich nicht mehr daran erinnern, egal, wie brandheiß es gewesen sein mag.

———•———

Lois erzählt mir, dass amerikanische Ureinwohner die gelben Netze der Bananenspinnen nutzen, um daraus Angelschnüre herzustellen. Und dass dreiunddreißig Prozent der Bananenspinnen giftig sind. Das ist unnützes Wissen und ich möchte nicht mehr darüber erfahren. In ihrem Garten, ebenso wie in meinem, färben sich riesige, ausgetrocknete Bananenblätter aschgrau und wehen über den Rasen, rollen sich zu Spiralen wie abgenommene Gipsschienen. Geisterhaft und entnervend scheint es kein Ende zu nehmen. Kein Ende finden auch die schwertgleichen Wedel der Palmen, die von den viel zu hohen Bäumen hinunterkrachen. Wie können so viele Pflanzen austrocknen, wenn es so viel regnet?

Lois möchte mir gern über Karst erzählen. Ihr Enkel studiert Geologie, sagt sie, und er will ihn bekannter machen. Karst tritt bei den Beben durch Fracking und anderen Katastrophen auf, die dadurch entstehen, dass große Mengen Flüssigkeit in porösen, felsigen Grund gepumpt werden. Die Geologie tiefer Erdschichten ist ein beängstigendes Forschungsgebiet, erzählt sie, während sie die sich häufenden Fälle von karstbedingten Dolinen und Unterwasserhöhlen beschreibt, nichts davon eine gute Nachricht bis auf die gelegentlich übernatürliche Schönheit von Cenoten, die sich in Küstenregionen wie Tulum in Mexiko mit dem klarsten Wasser füllen. Einige von uns in diesem Staat freuen sich allerdings nicht darauf, mit sonnengebräuntem Rücken in Cenoten zu schwimmen, sondern sehen unsere Häuser in dreißig Meter tiefe Erdlöcher fallen, ohne dass wir Zeit hätten, etwas dagegen zu tun.

Sie erklärt, dass Karst das Überbleibsel der Zersetzung von Kalkstein und anderem löslichen Gestein ist, solchem Gestein, das Schichten übereinander bildet und dessen Lufteinschlüsse sich vergrößern, um Wasser zu speichern, dass auf der Suche nach Öl und Gas hineingezwungen wird. Letzteres habe ich im Internet gelesen. Die Beben, die diese Technik verursacht, werden größer und häufiger, erzählt Lois, und Wissenschaftler – wie ihr Enkel – haben ein Sprichwort: »Erdbeben töten keine Menschen, Häuser töten Menschen.« Ich schätze diese Art von Genauigkeit.

Geometrischer Karst sieht wie ein umgedrehter Eierkarton aus. Die Gebiete, in denen Karstbeben auftreten, wie in Prague, Oklahoma, breiten sich aus. Dort, wo dies nie zuvor eine Bedrohung gewesen ist, sind Häuser zerstört worden. Es gibt nun Glaciokarst, Thermokarst, Kegelkarst, und Teile des Inlands der Vereinigten Staaten, die bisher nur Tornados beherbergten, spüren die Bewegung des Bodens unter ihnen.

Sinken oder Schwimmen, Erdkrater oder Quellen – die Blue Springs in High Springs, Florida und die nahen Rainbow Springs, das sind Gottes Geschenke. Das ganze Jahr hindurch halten sie eine Temperatur von zweiundzwanzig Grad, was für die *meisten* Alligatoren zu kalt ist, um sie zu bevölkern, sagen die Einheimischen. Selbst die gigantischen Schildkröten können sich als scharfmäulig erweisen, also sind die karibikfarbenen Quellen vielleicht ein Test: Bist Du die Art von Person, die sich der Schönheit ergeben kann oder die Art, die ihre mutigeren Freunde bittet, ihr mit der Unterwasserkamera aufgenommene Fotos von ihrem Schwimmausflug zu schicken?

Bevor ich gehe, zeigt Lois mir Fotos von TTD-Sessions – Trash the Dress –, bei denen Unterwasserhochzeiten in den Riviera Maya Cenoten in Mexiko fotografiert werden. Der Warnhinweis des Fotografen, der seine fließenden Fotos postet: »Ein nasses Hochzeitskleid wiegt schwer.«

Vor Kurzem habe ich einem jugendlichen Paar beim Schwimmen zugeschaut. Die junge Frau ließ sich in das klare, blaue Wasser gleiten und schwamm zur Mündung des Flusses hinüber, wo das Wasser gerbstoffreich wird – sie benutzte dieses Wort –, weil die Blätter sich zersetzen. Ich lief den Trampelpfad am Ufer entlang. Es gibt tatsächliche Grenzlinien zwischen den harmlosen, einladenden Quellen und dem plötzlich dunklen, braunen Wasser, in dem man unmöglich sehen kann, was sich neben einem befindet.

———•———

Es gibt Geschichten von Frauen, die über dreißig Jahre lang einen kalzifizierten Fötus in sich tragen. Die Frauen wissen nichts davon. In den Geschichten, die ich gehört habe, sagten die Frauen, dass sie keine Symptome verspürt hätten. Würden sie ihre Krankengeschichte all dieser Jahre durchforsten, nun in der Lage, ihre mysteriöse Antriebslosigkeit oder unerklärliche Schwermut, oder ein Zögern im Angesicht neuer Abenteuer darauf zurückzuführen? Der Zeitpunkt, ab dem der Fötus aufgehört hat zu wachsen, wäre natürlich ein Faktor. Was macht man mit dem Wissen, dass Dein Körper sich gegen das gewandt hat, was in ihm wuchs und es als Tumor betrachtet hat, um einen Begriff zu benutzen, der dem nahe kam, was es war.

Die korrekte Bezeichnung lautet »Lithopädion«. Sie bedeutet »Steinkind«. Frauen können ein Steinkind in sich tragen und gleichwohl ein gesundes Baby auf die Welt bringen. Eine Frau in China ist der längste bisher bekannte Fall: Fünfundsechzig Jahre lang trug sie den kalzifizierten Fötus in sich.

Der zweitlängste, so wird angenommen, ist eine Frau in Chile, die mit einundneunzig erfuhr, dass sie einen mehr als sechzig Jahre in sich getragen hatte, als sie nach einem Sturz eine Röntgenaufnahme machen ließ. Sie sagte, dass sie einen Knoten in ihrem Bauch fühlen könne und dass er sie an ihren Mann und ihren gemeinsamen, unerfüllten Traum von einem Kind erinnere. Offenbar kann nicht jede Frau in diesem Zustand ein Kind bekommen. An Tagen, an denen es nicht viele Neuigkeiten gibt, kann man Dokumentarfilme über Frauen wie sie anschauen. Von den bekannten Fällen hat nur ein kleiner Prozentsatz der Frauen sich dafür entschieden, das Steinkind entfernen zu lassen.

———•———

Es muss ein Wort für den Zustand geben, wenn man seiner Sache nachgeht, ohne einen wichtigen Aspekt von ihr zu kennen, wohingegen jemand anderes ihn schon kennt und man selbst weiß, dass eine Zeit kommen wird, da man ihn kennen *wird*. Ich glaube, dieser Zustand heißt »Die Art, wie wir heute leben«, oder »Die Art, wie die Dinge immer schon waren«, oder die älteste Beschreibung dessen lautet: »Die Dinge sind nicht, wie sie scheinen.«

Natürlich waren die Dinge in dem Heim nicht so, wie sie schienen. Doch obwohl ich das Buch der Journalistin gelesen habe, suche ich nicht nach dem Mädchen. Selbst, wenn sie am Leben ist, wäre sie nicht das Mädchen, mit dem ich all die

Jahre gelebt habe. Ihren Geburtstag nicht auf der Webseite des Buches zu posten, wozu macht mich das?

———•———

Ich war der Meinung, dass die Frau im Wartezimmer ihren Sohn Tie-Dye nannte. Als dieser jedoch von seinem Stuhl aufsprang und einen anderen wartenden Patienten stieß, da schimpfte sie auf altertümliche Weise mit ihm, indem sie seinen vollen ersten und zweiten Vornamen gebrauchte: »Tyler-Dylan!« Ich hatte den neunzigjährigen ehemaligen CEO zum Arzt gefahren, als sein Enkel in letzter Minute verhindert war. Er fragte mich, wie hoch ich die Schulden schätzte, die der junge Arzt zu tragen hatte. Er sagte, dass man Ärzte nicht für 300.000 Dollar ihren Abschluss machen lassen könne, um sie dann nach Sozialstaatstarif zu beschäftigen. Mein Nachbar von gegenüber glaubt nicht an Ärzte, so erzählte er mir, selbst nachdem ich ihn mit einem großen Verband um den Kopf, der seinen Hinterkopf fast ganz verdeckte, zum Briefkasten hatte gehen sehen. Wenn das so weitergeht, wird er mich beschäftigen müssen, obwohl ich ihm nie gesagt habe, was ich beruflich tue. Er hat einfach nie gefragt, obwohl er gefragt hat, ob ich bei ihm duschen möchte, als ich die kaputten Rohre in meinem Haus erwähnte.

In dem verfluchten Haus sind heute zwei Dinge kaputtgegangen. Ich sage »ver-fluch-ten«, ich benutze drei Silben. Ein Mann, den ich einmal glaubte zu mögen, hat sich am

Ende bemüht, etwas Hässliches zu sagen und er entschied sich schließlich, mich »den ver-fluch-ten Samen des ver-fluch-ten Baums« zu nennen. Ich mag es, die Angriffe in Stücke zu teilen: So kann man sie nicht ernst nehmen und sie sind oft recht lustig.

Heute ist zum einen die Decke kaputt gegangen – ein bedeutendes Loch – und die zentrale Klimaanlage, um deren Erneuerung ich die Besitzer gebeten hatte, als ich herausfand, wie alt sie war und wozu die Besitzer zu Recht sagten, »Aber sie funktioniert *im Moment*«. Und an einem Dutzend Stellen auf dem Dach wächst Farn von innen nach außen, breitet sich aus wie in einer Zeitraffer-Fotografie. Wenn alles doch für eine Weile aufhören könnte zu wachsen! Das ist es, was ich vor all diesen Jahren wollte, als ich noch nicht wusste, was da in mir wuchs und versuchte, Waghalsigkeit und Passion auszuloten, Rebellion und Entscheidungen, die auf meinen damaligen Erkenntnissen fußten. Die Frage, die ich mir immer noch stelle, ist diejenige, die ich immer noch nicht beantworten kann: Hätte ich wissen können, was in dem Heim geschah? Hätte es eine Möglichkeit gegeben, es herauszufinden? Als Erstes hätte ich einen Verdacht hegen müssen: Doch ich war – wie wir alle – mit mir selbst beschäftigt. Wir wollten raus und wir glaubten, was man uns sagte, um unsere Abreise zu beschleunigen. Man sagte uns, dass niemand von uns das Geld habe, um dafür zu sorgen, dass die Babys in ein gutes Zuhause kommen würden. Aber wir würden erfahren, wie wir es bekommen könnten! Wir stimmten den Bedingungen unserer Versorgung zu und der, die als unsere begann und ich war nicht die Einzige, die es schaffte, sie zu erfüllen. Wenn man halbwegs präsentabel aussieht und jung ist, dann gibt es niedere Arbeiten, die auf einen warten und wenn man eine Frau ist, die ihrem Wort treu bleibt, dann wird man tun, wozu man sich verpflichtet hat. Ebenso, wie ich diejenigen behandele, die in meiner quasi-professionellen Obhut sind.

Monatelang war das Heim ein Kohlenhaufen auf dem Grundstück, bevor es neu aufgebaut wurde. Nichts blieb als der angrenzende Apfel-Obstgarten, weit genug von den Flammen entfernt. Ein mir unbekannter Camper erzählte mir davon; er war Zeuge des Feuers gewesen und dachte, dass er mir einfach erzählte, was er gesehen hatte, während er keine Ahnung hatte, was für eine Bedeutung der Ort für mich hatte.

Das Feuer – als ich davon las, was in dem Heim geschehen war, dachte ich bei mir, dass das Feuer eine Läuterung gewesen war, mindestens ebenso sehr wie eine Zerstörung. Brenne die Geschichte aus und brenne den Beweis aus. Brenne heißer und brenne die Geister aus.

———•———

In sengender Sonne öffnete ich die Tür meines Autos, um festzustellen, dass die Vordersitze von Schwärmen von Ameisen bevölkert waren. Sie hatten sich den Wagen zu eigen gemacht, nachdem sie eine Fritte zwischen den Sitzen gefunden und sie über die Mittelkonsole geschafft hatten, sodass sie auf dem Fahrersitz lag; eine Salzspur führte über die Polsterung. Ich erinnerte mich an den Tipp eines Einheimischen, dass man, falls man einen Schwarm Ameisen entdeckt, ihn mit einer Spur aus gemahlenem Kaffee vertreibt, anstatt ihn mit Insektizid zu besprühen. Doch ich war zu meinem Auto gegangen, um loszufahren und Kaffee zu kaufen; es war keiner mehr im Haus. Es war sicher nicht das Schlimmste, was in diesem Haus passierte, aber ich hatte nicht gedacht, dass ich eine Plage im Auto vorfinden würde.

»Oh, das sollte nicht passieren«, sagte der den Klimawandel leugnende Nachbar von gegenüber. Ich hatte kaum aufgeschaut, während ich die Ameisen mit Servietten zerquetschte, die ich auf dem noch unbevölkerten Rücksitz gefunden hatte, als er vor mir stand, und wie hatte er im Alter von neunzig oder achtundachtzig Jahren unsere beiden Einfahrten und die Straße so schnell überquert?

»Es ist aber passiert«, konterte ich.

»Erst in den letzten paar Jahren«, beharrte er. Er hielt sich selbst für den Historiker der Nachbarschaft und so taucht er unter dem Vorwand christlicher Nachbarschaftlichkeit immer häufiger mit abgedroschenen Witzen bei mir auf. Vor Kurzem hatte er ein selbst veröffentlichtes, spiralgebundenes Buch verteilt, das er per Hand und Bleistift gedruckt hatte (wie Lois). Er hatte sein Geschenk *Ein Patriarch erinnert sich an einige seiner Nachbarn* genannt. Als ich später hindurchblätterte, konnte ich lesen, dass er Spanner, die vor langer Zeit durch die Straße gezogen waren, dafür verantwortlich machte, dass die Mütter der Jungen »außer Haus arbeiteten«. Ich sprang zur letzten Seite, wo ich meinen Namen unterstrichen vorfand, als neues Mitglied der Nachbarschaft, das er noch nicht »gut genug« kannte.

»Sie sehen aus, als ob Sie eine Portion Humor gebrauchen könnten«, sagte er.

Ich machte mit. Man konnte dem, was kommen sollte, nicht entkommen – einem lauen Witz über ein lange verheiratetes norwegisches Paar. Warum norwegisch? Weil er sich einer Norweger-Witze-Serie verschrieben hatte. Vielleicht war er Norweger. Ich hielt meinen Blick auf die Ameisen in meinem Auto gerichtet, bis der Witz zu seinem Ende gekrochen war. Er fügte hinzu, dass ich ihn jederzeit besuchen könne, wenn ich noch einen hören wollte – »für den Fall, dass Sie noch hören können«, setzte er glucksend hinterher. Ohne Zweifel dachte er, ich wäre gebrechlich. Vielleicht vermitteln Ameisen im Auto genau dieses Bild – ein Grad an Schwäche, die für sich genommen kein Witz ist, aber den Weg für den schmalzigen Nachbarn öffnete, Dich in seinen Verfall einzuladen. In seinem selbstverlegten, handgeschriebenen Buch erinnerte sich der selbsternannte Patriarch an den Anwalt und seine Frau von nebenan als Menschen von »internationaler Güte«, deren Herzen groß genug gewesen waren, um vier Waisenmädchen aufzunehmen.

———•———

Wie lange kann man sich selbst von denjenigen fernhalten, die man am meisten liebt? Die Gründe können überzeugend sein, doch was ist mit demjenigen, der am meisten zählt, aber weder hier noch dort zu finden ist?

Wenn ich an sie denke, erinnere ich mich, dass ein Teil des Reizes am Schwimmen im warmen Wasser die amniotische Qualität ist, wenn man schwebt. Ich mag es, mit dem Gesicht nach unten zu treiben und Zweige wie Zahnstocher aus den Filtern des Pools zu ziehen. Man muss vorsichtig sein, wenn man eine Filterfläche säubern möchte; winzige Frösche verfangen sich zusammen mit Palmenfächern darin, ein netteres Wort für Palmwedel. Als die Wolken zu grollen beginnen, verlasse ich den Pool, in dem ich noch zwei weitere Tage nicht hätte schwimmen dürfen, weil gegen die wachsende Schlammschicht mehr Chlor hineingegeben worden war.

———•———

Die von Tornados gefährdeten Gebiete werden jedes Jahr größer. Das ist ein anderes Ergebnis der »Kontroverse«. Man kann etwas lernen von den bestürzten Menschen, die all ihren Besitz innerhalb von Minuten zerstört sehen und die auf demselben Flecken neu bauen, sobald die schweren Räumfahrzeuge die Trümmer weggeschafft haben. Woraus sind diese Leute gemacht? Tapferkeit und Glaube tragen nur bis zu einem bestimmten Punkt. Ist es eine Art Edelmut? Ich weiß, dass sie ihr Land lieben und dass es ihr Zuhause ist, und dass sie sich nicht von diesem Land oder von Gott betrogen fühlen.

Der lokale Wetterkanal verkündet während eines Sturms stündlich die Anzahl der Blitzeinschläge. Wenn dieses Haus getroffen wird und ich überlebe, wird man die Besitzer nicht dabei beobachten können, wie sie eine Baufirma beauftragen, um den Neuaufbau zu beginnen. »Nachhaltigkeit« ist ein Wort, das in geologischen Wissenschaften nicht mehr oft verwendet wird, zumindest nicht in diesem Teil des Landes. Stattdessen findet man das Wort »Elastizität«, und »Anpassung«, vielleicht.

Dank Lois, die mich auf ihre Interessen hinwies, erfuhr ich vom Saltonsee in Kalifornien. Das ausgetrocknete Bett des Sees beherbergt geothermische Kraftwerke, wodurch die Anzahl der täglichen Erdbeben zu einem »Schwarm« ansteigt, dort am Endpunkt des San-Andreas-Grabens, der sich wahrscheinlich Richtung Norden schiebt und Los Angeles auslöschen wird. Die Menschen, die dort arbeiten, wissen, dass ihre Arbeit eine schwere Bedrohung ist und der Verlust an Menschenleben extrem hoch wäre, aber sie arbeiten weiter an dem, was so viele bedroht, während Geologen auf den blubbernden Matsch im Boden neben dem Kraftwerk zeigen, eine Stelle, wo der Druck sowohl erhöht als auch verringert wird. Dieser kleine Kreis aus blubberndem Matsch wird keinen Unterschied dabei machen, was vor uns liegt und was wir selbst über uns bringen.

———•———

Ich habe eine Weile nicht über Mr. Davis gesprochen. Er hat ein Stück Arbeit vor sich. Sein Flirten reißt nicht ab, nur hat er mir keine Diamanten zu schenken versucht, noch norwegische Witze erzählt. Am besten läuft es mit ihm, wenn ich ihn für eine Fernsehsendung interessieren kann. Wir haben angefangen, diese Serie über wahre Verbrechen anzuschauen, in der Menschen, die sich gegenseitig umbringen, dumme Fehler machen und erwischt werden: Ein verärgerter Mann im Mittleren Westen liefert Rohrbomben, verpackt in Postpakete, bei seinen rivalisierenden Geschäftspartnern ab und tötet sie beide. Dann inszeniert er sich als drittes Opfer der Bomben, um den Verdacht von sich zu lenken. Aber Forensiker untersuchten das Paket, von dem er angab, es auf seinem Fahrersitz gefunden zu haben und das explodierte und ihn verletzte und sie fanden heraus, dass es auf dem Beifahrersitz explodiert war. Nur, weil er Aufmerksamkeit auf sich zog, wurde er des Mordes an seinen Rivalen überführt.

—•—

Und nun zu dem Horror nebenan. Der Nachbar, jener Anwalt der Stadt in seinen Fünfzigern, wurde wegen sexuellen Missbrauchs an zweien seiner vier Adoptivtöchter verhaftet. Die Mutter war nicht in der Stadt, als es bekannt wurde. Sieben Fahrzeuge ohne Kennzeichen hatten vor ihrem und meinem Haus geparkt. Die Autos blieben fast den ganzen Tag und ich sah erst nach fünf Stunden zwei der Polizisten in

Zivilkleidung und Abzeichen vor dem Haus stehen. Sie sagten, dass sie mir nichts weiter sagen könnten, als dass eine Polizeiuntersuchung stattfand und dass ich nicht in Gefahr war. Ich musste die Zeitung des nächsten Morgens abwarten, um die hässlichen Nachrichten zu erfahren.

Innerhalb von ein paar Tagen wurde er auf Kaution entlassen und stand unter Hausarrest. Ich sah gar nichts, außer den Mülltonnen unten an ihrer Auffahrt am Mittwochabend, die am Donnerstagmorgen geleert werden sollten. Ein paar Lichter leuchteten im Haus, aber die Vorhänge waren zugezogen. Es ging das Gerücht um, dass die Mutter der Mädchen zurückgekehrt war. Aber dann, genau eine Woche nachdem der Skandal bekannt geworden war, fuhr der Mann von nebenan zu einer nahegelegenen Fischersiedlung und mietete ein Kanu. Er paddelte auf dem von Alligatoren bewohnten See und blieb dort die ganze Nacht während eines Sturms. Am Morgen paddelte er wieder in Richtung Ufer, ich nehme an, er wollte sein Kanu zurückgeben, doch als er die wartende Polizei sah, zog er eine Pistole und brachte sich um.

Diejenigen unter uns, die den Mädchen helfen wollen, wissen nicht, wohin sie gebracht wurden. Natürlich kann die Polizei ihren sicheren Zufluchtsort nicht preisgeben. Ihr Job ist es, die Mädchen zu beschützen, da ihre Eltern das nicht taten.

Die Stoßchlorung des Pools hat die neue Rotalge nicht entfernt und jetzt leckt der Pool auch noch. Ohne preiszugeben, wo das Wasser hinfließt, doch wenn es die nahegelegene Presbyterianische Kirche flutet, dann wird die Gemeinde mich das sicher wissen lassen. Über Nacht, selbst bei Regen, spinnen die Bananenspinnen einen Strang dichter Netze über meine Eingangstür, genau auf der Höhe meines sonnenverbrannten Gesichts.

———•———

Ich erzählte meiner alten Freundin Julia, dass der tropische Sturm Julia gerade auf die Küste von Georgia geprallt war. Sie antwortete, »Dann müssen wir mich genau beobachten, denn ich scheine an Stärke zu gewinnen.«

———•———

Was ich nicht mehr habe: Einen Orientierungssinn, ein Interesse an Kunst, ein Autokennzeichen der Stadt New York.

Was ich brauche: Boardshorts, einen Rashguard, Flip-Flops, Sonnenschutzfaktor, batteriebetriebenes Radio, Wasser für drei Tage.

Ein Unterschied hier: The Village, Singular, ist eine Wohnanlage für betreutes Wohnen. The Villages, Plural, ist ein vornehmes Seniorenheim ein paar Stunden südlich von hier. The Villages schickt Broschüren an Menschen, die fünfundfünfzig und älter sind. Von The Village kenne ich keine Werbung für »Senioren«. Mehrere meiner Patienten leben in einer Einrichtung für betreutes Wohnen, die nicht so nett ist wie The Village, Singular, doch immer noch ein erfreulicher Ort mit einem beheizten Pool.

———•———

Im Supermarkt frage ich einen Angestellten nach Jicama, dann spreche ich das Wort auf zwei andere Arten aus, bevor er weiß, was ich möchte. Für einen Monat im Jahr gibt es dort Mandarinensaft auf Eis, doch welcher Monat es ist, das habe ich schon lange vor zu fragen.

———•———

Am Morgen, eine Inversionsschicht und eine Nachricht von Julia: »Ich rase gerade von der Küste weg, ziellos. Ich habe nicht viel Zerstörung hinterlassen. Nichts als Tiefdruck. Tropisch, aber nichtsdestoweniger Tiefdruck. Unterwegs aufs offene Meer. Auf Wiedersehen, Georgia, auf Wiedersehen, Carolina.«

———•———

Sichtungen von toten Gürteltieren am Straßenrand seit meiner Ankunft: neunundzwanzig. Nachtblühende Kakteen, die ich an dem einen Tag im Jahr gesehen habe, wenn sie blühen: Einer. Es war trotzdem Glück.

Einen Monat vor dem Skandal um den Anwalt von nebenan sah ich ihn Gräser in der Buschreihe zwischen unseren
Grundstücken jäten. Ich fuhr vorbei, als ich dieses seltsame
Schauspiel sah, seltsam, weil er auf meiner Seite zupfte und
als ich von meiner kleinen Runde zurückkam, war er ver-
schwunden. Ein paar Tage später, als ich ihn bei seiner Jog-
gingrunde unterbrach, fand ich heraus, dass er keine Gräser
gejätet hatte, sondern eine invasive Pflanzenart, die die ganze
Landschaft überwuchern würde, falls wir nichts dagegen tä-
ten, wie er sagte. Sie ist aber hübsch, das war, was ich sagte.
Ich schnitt Zweige mit den kleinen violetten Beeren ab, um
sie in eine Kristallvase zu stellen. Auf diese Weise erfuhr ich,
dass er sich um die lokale Ökologie sorgte, oder anders aus-
gedrückt, dass er sie dessen beraubte, was schön war und von
woanders herkam, um auf seinem Rasen zu leben.

Die Mädchen hätten nicht bei ihm landen müssen. Man
kann die Variablen zurückverfolgen: Hätten die Nachbarn
ihre Reise einen Monat später angetreten oder hätten sie sie
gar nicht angetreten, so hätten sie stattdessen ein Waisenhaus
im Inland besucht. Wir aus der Nachbarschaft wollen immer
noch etwas für die Mädchen tun, wo sie auch sein mögen.

Die Angestellten des Heims versicherten uns, dass unsere
Babys in guten Familien groß würden. Es war nichts weiter
nötig als unser Einverständnis, damit diese netten Menschen
sie aufnähmen.

Ich fahre im Auto und höre den Gospel-Sender, der je nach Wetterlage zu empfangen ist oder nicht, als plötzlich – Glück. Tasha Cobbs singt, »In diesem Raum lebt ein Wunder mit meinem Namen ...« Sie verleitet ihre Zuhörer zu Freude, wenn sie »Put a Praise on It« singt. Sie ist ein Kraftwerk, eine Predigerin, der jeder folgen kann, weil sie verkündet, dass jeder geheilt werden kann.

———◆———

Bevor ich einzog, muss es eines der »Jungszimmer« der vorherigen Besitzer gewesen sein, ich kratzte Raumschiffe von den Wänden. Bevor ich sie befühlte und feststellte, dass man sie abziehen *konnte*, hatte ich gedacht, dass ich die Rillen würde verspachteln müssen, die ich in den Wänden hinterlassen würde. Ich hatte mir nicht die Mühe gemacht, eine Erlaubnis von den Besitzern des Hauses einzuholen. Die Gummifolien ließen sich ablösen, ohne die Farbe darunter mit abzureißen.

In dem Zimmer des kleinen Mädchens ganz am Ende des Flurs hängt ein Aufkleber, der einen Baum zeigt, und er wird an der Wand bleiben. Zuerst dachte ich, es wäre ein Hartriegel-Strauch, aber dann schaute ich in einem Buch über Bäume nach und er ist tatsächlich ein Lebensbaum. Ich fühlte mich niedergedrückt, es wäre mir lieber gewesen, wenn es ein Hartriegel gewesen wäre. Aber man kann dem nicht widersprechen, was nun – wie ich sehe – großgeschrieben werden sollte, dem Baum des Lebens.

Auf der Tafel im Sumpfgebiet-Reservat wurde unter »Sichtungen« hinzugefügt: »eine Parkwächterin«. Sie ist geduldig und freundlich, daher bin ich froh zu sehen, dass sie gewürdigt wird. Sie hilft Leuten, die nicht laufen können, in ihren Strandbuggy zu steigen und fährt sie über die vernarbten Wege, auf denen ein Rollstuhl nicht durchkommt, sodass diejenigen, die nicht allein umherwandern können, trotzdem den ganzen Park besuchen können. Löffelenten wurden gesichtet, sagt die Tafel, ebenso wie vier Wassermokassinottern. Können diese nicht aus dem Gebüsch an den Wegesrändern angreifen? Unwahrscheinlich, sagt die Parkwächterin – sie bevorzugen es, näher am Wasser zu bleiben, sagt sie, anstatt Nein zu sagen.

———•———

Als ein Kerl in einem Pick-Up vorfährt und mir anbietet, für einen sehr niedrigen Preis die Blätter von meinem Dach zu fegen, frage ich ihn, ob er versichert sei, obwohl ich weiß, dass er lügen wird. Ich sage ihm, dass er anfangen kann, doch bevor er seine Leiter aufstellt, erzählt er mir, dass er am Tag zuvor am Haus nebenan gearbeitet hat und dass die Frau dort ihm die gesamte Kleidung ihres Mannes angeboten habe. Sie habe ihm auch seine Schuhe angeboten, sagte er, aber die Schuhe hatten die falsche Größe. Er wusste nicht, warum sie ihm die Kleider ihres Mannes angeboten hatte und dadurch, dass ich es ihm erzählte, wurde ich zur Klatschbase.

Seines war nicht das einzige Auto, dass ich vor dem Haus nebenan habe parken sehen. Eine Teppichreinigungsfirma verbrachte einen Tag vor dem Haus, ebenso wie ein Transporter einer Klimaanlagen-Installationsfirma und ein Gartenpflege-Transporter und ein Anhänger einer Firma namens »Gras und Ordnung«. Nun warte ich auf ein Zu-Verkaufen-Schild im Vorgarten.

Vor vielen Jahren besuchte ich eine Party zum fünfzigsten Geburtstag einer Freundin. Sie lebte im Mittleren Westen – es waren Jahre vergangen, seit ich sie gesehen hatte – und ihre Mutter gab eine Party in dem Haus, wo meine Freundin aufgewachsen war. Nun, so viele Jahre später, verkaufte die Mutter das Haus; doch sie nahm es für diese Woche vom Markt, damit alle einen Platz zum Übernachten hatten. Ich konnte die Löcher sehen, die die Pflöcke hinterlassen hatten, wo die Verkaufsschilder ersetzt worden waren: Banner mit dem Namen meiner Freundin flatterten stattdessen tagelang dort.

Es gab eine Mitfeiernde, die einen maskulinen Segeltuchmantel trug: Sie schlug vor, auf einen nahe gelegenen Hügel zu einem ausgebrannten Anwesen hinaufzusteigen. Es bringt eine ermüdende Friedlichkeit mit sich, wenn man an einen Ort kommt, den andere lange zuvor entdeckt haben. Selbst jemandes niedergebranntes Haus, der steinerne Fußabdruck, überwachsen mit Efeu und Klettertrompeten. Ich war froh, zu der Party gereist zu sein. Als ich das Haus nach

Mitternacht verließ, fühlte ich mich, als wäre ich zu Hause gewesen.

———•———

Es wäre hübsch, Himbeersträucher im Garten zu haben; ein Mädchen könnte lernen, wie man die Beeren pflückt, ohne gestochen zu werden. Ein Vater oder eine Mutter könnten einem kleinen Mädchen zeigen, wie es geht.

In Maine nahm die Frau des Künstlers manchmal ein Sonnenbad auf dem Steg in einem weißen Badeanzug und dann ließ sie ihn trocknend an einem Haken am Pier hängen. Ihr Ehemann sagte, dass er den Anblick mochte – der trockene, weiße Badeanzug, der im Wind weht, während seine Frau zum Lesen ins Haus gegangen war.

———•———

Die Hochzeit ist abgesagt und ich werde nicht weiter an Mariah Carey schreiben müssen.

———•———

Nächste Woche gehe ich zu einer anderen Hellseherin. Diese Person wohnt unten am Block bei Lois, also kann ich am Dienstagmorgen direkt hinübergehen. Nachdem ich die Hellseherin getroffen habe, möchte Lois, dass ich ihr bei einem Tee eine Zusammenfassung gebe.

Die Hellseherin wird mir wahrscheinlich sagen, dass ich mich verlieben werde. Alle denken, dass es das ist, was man hören will. Aber ich will mich nicht auf die Art verlieben, die eine Hellseherin vielleicht im Sinn hat. Ich will keine Romanze, wenn sie mir das vorhersagen sollte. Liebe jedoch – sicher, immer her damit. In einer anderen Form. Nicht von einem Mann oder von einer Frau. Von einem Tier, einem Ort, einem Anliegen. In jedes davon würde ich mich gerne wieder verlieben.

Heute brauchen so viele Menschen Hilfe und man muss nicht verliebt sein, um sie ihnen zu geben. Hilfe *ist* Liebe; sie kann so daherkommen. Auf diese Weise weiß man, dass Liebe in der Nähe ist. Keine Hellseherin dafür nötig. Ich werde die Hellseherin für das bezahlen, von dem sie will, dass ich es weiß. Dann werde ich mit Lois eine Tasse Tee trinken und sie zu unterhalten ist mir Grund genug, um es durchzuziehen.

———•———

Ich erinnere mich, erstaunt gewesen zu sein, als ich lernte, dass es ein Zeichen von Stärke ist, wenn man um Hilfe bittet. Eine Frau, die wusste, wovon sie sprach, nahm sich vor, mich davon zu überzeugen, als ich ihr erzählte, dass ich den Punkt nicht hatte abschätzen können, wo ich aufhören musste, nach Hilfe zu fragen, wo ich Dinge hatte selbst lösen müssen. Warum war es schwierig, dies als Stärke zu betrachten? Mein ganzes Leben hatte ich Menschen erlebt, die es für eine Charakterfrage hielten, ein Problem allein zu entwirren. Unabhängigkeit als Ehrensache – davon war ich überzeugt. Doch Hilfe könnte sich in so vielen Formen zeigen.

Hilfe zeigte sich wieder und wieder in Form von Wasser. Heißes Wasser in einer Teetasse, warmes Wasser in einem Pool, den niemand sonst nutzen will, Gischt, die einem die Füße bedeckt, an einem Ozeanstrand, wenn die Touristen ihn verlassen hatten und man nicht mehr für eine Tageskarte zahlen musste.

Am Tag vor meinem Termin bei der Hellseherin traf der Sturm, vor dem wir gewarnt waren, uns mit Wucht. Kurz vor Mitternacht hörte ich ein enormes Krachen und der Strom fiel aus. Nichts zu tun bis zum Morgen, als ich die Feuerwehr rief, um den rauchenden Baum zu löschen, der in Bodennähe aufgebrochen war, eine riesige Eiche, die auf die Stromleitungen gefallen war und Rauch aus ihrem hohlen Inneren ausspuckte. Ein brennender Baum und dann die Hellseherin, die, wie sich herausstellte, von vergangenen Leben sprach, insbesondere von dem, das endete, als ich bei dem Brand von London 1666 starb. Sie sagte, dass ich von einem Gebäude hatte springen müssen, ein Körper, der vom Himmel fällt – wir mussten nicht laut aussprechen, was dieses Bild heraufbeschwor. Sie sagte mir, dass ich keine Angst vor dem Fliegen haben müsste, denn das, was ich fürchtete, sei schon geschehen. Ich hatte ihr nicht erzählt, dass ich Angst vorm Fliegen hatte.

In Lois' Haus aßen wir später gesalzene Cocktailtomaten und ich erzählte ihr von meinem Termin. In der Woche darauf brachte ich für jede von uns ein schwarz-weiß marmoriertes Notizbuch mit; die Hellseherin hatte vorgeschlagen, das aufzuschreiben, was unsere jüngeren Ichs sagen wollten. Wie viel jünger? Die Hellseherin hatte vorgeschlagen, es mit dem vierjährigen Ich zu versuchen. Aber ich kannte keine Vierjährigen und wusste nicht, was sie zu sagen haben. Um Lois zu erheitern, tat ich so, als würde ich mein vierjähriges Selbst »hören«, aber die Stimme, die ich zu hören versuchte, war die Stimme des Mädchens im Apfelbaum, ein Mädchen, das in einem Apfelbaum im Obstgarten des Heims gewachsen war. Dieses Mädchen, sie fragte mich, warum niemand sie sah. Ich nahm sie wörtlich – stellte mir diese im Obstgarten begrabenen Babys vor, wie sie zu Wurzeln der Bäume wurden. »Und die Kinder im Apfelbaum / Nicht bekannt, weil nicht gesucht …«

———•———

»Fünf Enten liefern Eier, die eine Familie jahrelang versorgen können.« Fünf Enten kosten fünfzig Dollar. Das ist aus dem World Vision Katalog, der in meiner Post auftauchte. »Eine Ziege und zwei Hühner bieten eine ständige Zufuhr von Eiweiß, um Kinder zu ernähren und ihnen eine Zukunft zu bieten.« Eine Ziege und zwei Hühner kosten 110 $. Eine Milchkuh: »Eine Kuh kann bis zu 19.000 Liter – oder 80.000 Gläser – Milch in ihrer Lebenszeit geben.« Eine Milchkuh kostet 700 $. Schulbildung für Mädchen hat drei Preiskategorien: 150 $, 75 $ und 40 $. »Studien zeigen, dass es der ganzen Gemeinschaft nützt, wenn Frauen Bildung erlangen.«

Ich werde den Katalog mitnehmen, um ihn dem CEO zu zeigen. Er kann sich all dies leisten.

———•———

Als ich in einer ländlichen Gegend an einem Gemischtwarenladen vorbeifahre, begegne ich einem spanischen Kind, das einen alten Ghettoblaster trägt und ein Keith-Richards-Gitarrensolo plärrt heraus, während das Kind »Keef! Keef!« ruft. Eine Begegnung mit Genialität.

———•———

Das Heim erlaubte uns für eine Weile die Illusion, dass wir das Richtige getan hatten. Eine selbstlose Entscheidung, die vielleicht ein Trost würde sein können, wenn wir uns selbst später hinterfragten, wenn unsere Stärke zurückgekommen sein würde und die Milch versiegt war und wir vielleicht Jobs gefunden hatten und annehmbare Orte zum Leben. Vielleicht würden wir jedem davon erzählen, den wir kennenlernten, oder vielleicht würden wir niemandem davon erzählen. Wonach würden wir bei einer Person suchen, der wir davon erzählen wollten? Haben wir ein Gefühl des Unbehagens überwunden, weil das Heim der einzige Ort war, der uns willkommen hieß? Und war es nicht angenehm, entlang gemähter Wege durch hohes Gras zu spazieren? Als wir gingen, fanden wir einen Apfel, eingeschlagen in ein Taschentuch, der für die Reise in unsere Koffer gelegt worden war.

Doch da waren die Angestellten, die plötzlich kündigten, das Feuer, die ruinöse Wahrheit.

Die Journalistin, die Autorin des Buchs, die dort geboren worden war.

———•———

Ich sah mir mit dem schwierigen Mr. Davis eine weitere Folge der Verbrechensserie an, es ging um einen Mord: Die Leiche einer Frau war in einem Obstgarten gefunden worden. Ihr Ehemann, der sie umgebracht hatte, hatte versucht es so aussehen zu lassen, als ob seine Frau von einem Pferd gefallen wäre. Er sagte, dass sie gestorben sein musste, als ihr Kopf bei dem Aufprall auf einen Stein schlug. Aber die Ermittler bemerkten, dass dieser Stein der einzige in dem Obstgarten war. Sie nahmen dem Ehemann der toten Frau diese Theorie nicht ab.

Das einzig Dümmere, was der Ehemann hätte tun können, wäre den Stein mit der Seite, mit der er seine Frau erschlagen hatte, die, an der Blut klebte, nach *unten* gedreht unter ihren Kopf zu legen. Er hatte das Geld aus ihrer Lebensversicherung gewollt. Er wollte sich eine schöne Zeit mit einer anderen machen, aber jetzt saß er für den Rest seiner Zeit im Gefängnis.

Als die Ermittler daran scheiterten, nur einen einzigen anderen Stein zu finden, spürte der Mann da Besorgnis oder Vorfreude? Waren seine Gedanken über die Zukunft von Angst geprägt oder stammte die Dringlichkeit von seinem Mut zur Handlung davon, alles Nötige zu tun, um mit dem geliebten Menschen zusammen zu sein? Stendhal schrieb: »Wenn ich einen Mord vollbringen müsste, um Dich zu sehen, dann würde ich zum Mörder werden.«

———•———

Macoun war die Sorte, die ich am liebsten mochte, doch man konnte sie nicht immer im Laden kaufen. Oder ich dachte, dass ich sie kaufte, aber dann waren es falsch etikettierte McIntosh. Das Fleisch von Macouns ist nicht so zart. Die Macouns schmecken ein wenig nach Beeren, sie haben einen kurzen Wachstumszyklus und eine Empfänglichkeit für pudrigen Schimmel und Zeder-Apfel-Rost. Keiner davon ist so gut für dich wie ein grüner Granny Smith.

Ich vertraue nur einem Apfel, den ich vom Baum pflücken kann, aber seit ich das Buch der Journalistin gelesen habe, werde ich das nicht mehr tun.

Doch wenn ich den Obstgarten des Heims besuchen würde, so fände ich sicher einen einzelnen Stein, um meinen Kopf darauf zur Ruhe zu legen.

Danksagung

Mit großem Dank an meine Herausgeberin Nan Graham, für ihre Aufmerksamkeit, ihre zündenden Vorschläge und ihre unfehlbare Weisheit; an Susan Moldow für ihre wertvolle Unterstützung; und an meine Agentin Liz Darhansoff, für ihr gutes Urteilsvermögen und ihre langjährige Freundschaft. Mein Dank gilt Tamar McCollom, Kara Watson und allen anderen bei Scribner, die bei der Herausgabe dieses Buches mitgewirkt haben.

Für verschiedene Arten von Hilfe bei der Erstellung dieser Geschichten möchte ich Jill Ciment, Martha Gallahue, Allan Gurganus, Chiu-yin Hempel, meinen Brüdern Gardiner und Peter Hempel, Bret Anthony Johnston, Pearson Marx, Jill McCorkle, Rick Moody, Laurel Nakadate, Paola Peroni, Roger und Ginny Rosenblatt, Julia Slavin, Pat Towers und Lou Ann Walker danken. Danke, Syd Straw, für deinen besonderen Dienst, der es ermöglicht hat, »Die Schikane« dreißig Jahre, nachdem ich sie begonnen habe, zu beenden.

Ich danke meinen Kollegen von Compassion Care, die mir eine Inspiration bleiben, während sie daran arbeiten, das Leben von Hunden in Extremsituationen zu retten: Rebecca Ascher-Walsh, Jeff Latzer, Yolanda Crous, Laurie Daniels, Carol Rothschild und Dr. Evelyne Crumps.

Und ich danke dem immer großzügigen Chuck Palahniuk,

der mir von den Babys in den Butterfässern erzählt hat und Bette Cahills Buch über die wenig bekannten, schrecklichen Verbrechen in Nova Scotia, deren Forschung ihm gezeigt hatte, dass er darüber nicht schreiben konnte, weil »da nichts Lustiges dran« ist. Also bot er es mir an, falls ich etwas daraus machen könnte. Dieses Geschenk war der Beginn von »Cloudland«, das seinen Titel dem eindringlichen Gemälde von Gloria Vanderbilt verdankt.

Annotationen

S. 13 »nicht einmal der Regen hat solch schmale Hände« von
E. E. Cummings von »irgendwo, wo ich noch nie gereist bin,
gerne darüber hinaus«.

S. 34 »in der tiefen blauen riffvernarbten See« ist von Joseph
Conrad, in »The Shadow Line: Ein Geständnis«, Teil 1.

S. 39 Der Puppen-Tornado ist eine Installation mit dem Titel
»Taynado« im Elsewhere, dem Kunstmuseum/Trödelladen
in Greensboro, North Carolina. Die Schöpferin des Werkes
ist Kim Holleman.

S. 108 Das Bild heißt »Shock and Awe 20« von Arnold Me-
sches.

S. 143/144 »Cloudland« / »Wolkenland« ist ein Gemälde von
Gloria Vanderbilt Cooper. Die Geschichte »Cloudland« verdankt dem Sachbuch *Butterbox Babys: Baby Sales, Baby Deaths, the
Scandalous Story of the Ideal Maternity Home* von der kanadischen
Journalistin Bette Cahill unendlich viel. Sie veröffentlichte die
schreckliche und komplexe, wahre Geschichte 1992 und, mit
neuen Enthüllungen, 2007.

S. 129 »Water Damage« ist ein Gemälde von William Wegman.

Bibliografische Information der Deutschen Nationalbibliothek
Die Deutsche Nationalbibliothek verzeichnet diese Publikation in der Deutschen
Nationalbibliografie; detaillierte bibliografische Daten sind im Internet über
http://dnb.d-nb.de abrufbar.

© der deutschen Übersetzung by marixverlag
in der Verlagshaus Römerweg GmbH, Wiesbaden 2020
© 2019 by Amy Hempel
Covergestaltung, Layout und Satz: Anja Carrà, Weimar
Bildnachweis: AdobeStock © creative_stock
Der Titel wurde in der Baskerville MT Pro gesetzt.
Gesamtherstellung: CPI books GmbH, Leck – Germany

ISBN: 978-3-7374-1129-5

Mehr über Ideen, Autoren und Programm des Verlags finden Sie auf
www.verlagshausroemerweg.de und in Ihrer Buchhandlung.